A BUON 'NTENNITORE ...

Neapel und seine Sprichwörter

Proverbs of Naples

A BUON 'NTENNITORE ...

Neapel und seine Sprichwörter

Proverbs of Naples

Neapolitanisch mit italienischer, englischer und
deutscher Übersetzung

Napulitano with Italian, English, and German translations

von/by Antonio and Leonardo

Deutsche Übersetzung von/German translation by
Frauke Krieger

All rights reserved. Published by lulu.com

ISBN 978-1-4357-0924-9

Vorwort:

Neapolitanisch (Napulitano), eine romanische Sprache lateinischen Ursprungs, wird von mehr als 7.000.000 Personen in und um Neapel, in der Region Kampanien in Süditalien und von den süditalienischen Auswanderern und deren Nachkommen in aller Welt gesprochen.

Diese „A Buon 'Ntennitore … Neapel und seine Sprichwörter" bietet eine reichhaltige Auswahl der gebräuchlichsten Sprichwörter in neapolitanischer Sprache, so dass der Leser in ihr Witz und Weisheit für fast alle Situationen, Umstände und Lebenslagen finden kann.

Um den Klang des gesprochenen „Napulitano" wirklich zu würdigen, ist es wichtig, die Sprichwörter in diesem Werk von einem Muttersprachler vorgetragen zu hören. Zu diesem Zweck sind Audio-CDs erhältlich (separat zu erwerben), auf denen ein Muttersprachler die Sprichwörter auf „Napulitano" liest. (www.lulu.com)

Introduction:

Neapolitan (Napulitano), a Romance language derived from Latin, is spoken by upwards of 7,000,000 persons in and around Naples and the greater Campania region of southern Italy, as well as by members all around the world of the southern Italian diaspora.

This "A Buon 'Ntennitore … Proverbs of Naples" offers a generous selection of the most widely recognized proverbs in the Napulitano language. In it, one will find wit and wisdom for nearly every occasion, circumstance, and station.

To gain a proper appreciation for the sounds of spoken Napulitano, it is essential that one hear the proverbs in this work spoken by a native speaker. To this end, 3 accompanying audio CDs are available (sold separately) wherein a native speaker reads the Napulitano entries in this work. (www.lulu.com)

Napulitano	Italiano	English	Deutsch
Â altare sgarrupàto nun s'appìcciano ccannele.	Ad altare rovinato non si accendono candele.	Candles are not placed on the ruined altar. (One does not devote resources to a fruitless endeavor.)	Auf einem zerstörten Altar zündet man keine Kerzen an.
Abbisugna taglià ntrunco pe' sanà 'o rammulo siccato.	Bisogna tagliare in tronco per far guarire il ramo seccato.	The dried out branch must be cut off at the trunk. (Exorcise a problem at its root.)	Man muss den verdorrten Zweig ganz zurückschneiden, um ihn zu heilen. (Ein Problem an der Wurzel packen)
Abbrile, doce è 'o durmì.	Ad aprile, dolce è il dormire.	In April, sweet is the sleeping.	Im April lässt es sich gut schlafen.
Â bella d''e ciglie, tutt'a vonno e nisciuno s''a piglia.	Alla bella di ciglia, tutti la vogliono e nessuno se la piglia.	As for the stunning beauty, everyone wants to go out with her, but no one wants to marry her.	Alle wünschen sich schöne Frauen, aber niemand heiratet sie.
'A briscola se juca cu 'e denare.	La briscola si gioca con i denari.	Briscola (a card game) is played with money.	Briscola (ein Kartenspiel) spielt man um Geld.
'A buona campana se sente a luntano.	La buona campana si sente da lontano.	A good bell can be heard from a distance.	Eine gute Glocke hört man von weitem.
A 'o (ô) buon cavallo nun le manca maje 'a sella.	Al buon cavallo non gli manca mai la sella.	The good horse never lacks a saddle.	Einem guten Pferd fehlt nie der Sattel.
A buon 'ntennitore poche pparole.	A buon intenditore poche parole.	Few words are needed for the wise.	Der Kenner braucht nur wenig Worte.
'A buscia tene 'e ggambe corte.	La bugia ha le gambe corte.	Lies have short legs.	Lügen haben kurze Beine.
'A capa e l'ommo è na sfoglia e cepolla.	La testa dell'uomo è sottile come un velo di cipolla.	A man's head is delicate like the skin of an onion. (The thinnest veil separates the sane from the crazy.)	Der Kopf des Menschen ist so empfindlich wie ein Zwiebelhäutchen. (Die Grenze zwischen Normalität und Wahnsinn ist hauchdünn)
Â casa d''o jucatore nun ce sta altre che dolore.	Alla casa del giocatore, non c'è altro che dolore.	In the home of the gambler, there is nothing but misery.	Im Haus des Spielers herrscht nur Leid.
Â casa d''o mpiso nun parlà e corda.	A casa dell'impiccato non parlare di corda.	Speak not of rope in the home of a man who has been hanged.	Sprich im Haus des Gehängten nicht vom Strang.

'A cavallo rialato nun se guarda mmoca.

A cavallo donato non si guarda in bocca.

Don't look a gift horse in the mouth.

Dem geschenkten Gaul schaut man nicht ins Maul.

Accattà 'a jàtta 'int'o sacco.	Comprare la gatta nello sacco.	Buy a cat in a bag. (Buy something sight unseen.)	Die Katze im Sack kaufen.
Accire cchiù 'a lengua ca na schiuppettata.	Uccidere più la lingua che una schioppettata.	The tongue kills more often than a gunshot.	Die Zunge tötet öfter als ein Flintenschuss.
Accire cchiù 'a lengua che 'a spada.	Uccide più la lingua che la spada.	The tongue kills more often than than a sword.	Die Zunge tötet öfter als das Schwert.
Accussì va 'o munno - chi nuote e chi va nfunno.	Così va il mondo - chi nuota e chi va al fondo.	Such is the way of the world - some swim and some sink.	Das ist der Lauf der Welt – manche schwimmen oben und manche gehen unter.
'A cera se struje e 'a prucessione nun cammina.	La cera si consuma ma la processione non cammina.	This parade is not wearing out the wax on the floor. (Describing a project that is using up resources but is not making any progress.)	Das Wachs brennt herunter, aber die Prozession geht nicht voran.
A che serve 'o parlà si nisciuno te sente?	A che serve il parlare se nessuno ti sente?	What is the point of talking if no one is listening?	Was nützt reden, wenn niemand dir zuhört?
A chi me ddà pane io 'o chiammo pate.	A chi mi da il pane io lo chiamo padre.	The person who gives me bread I call father.	Wer mir Brot gibt, denn nenne ich Vater.
A chi pazzea cu 'o ciuccio nun le mancano 'e cauce.	A chi gioca con l'asino non gli mancano i calci.	He who plays with a donkey will always get kicked.	Wer mit dem Esel spielt, dem wird es nicht an Fußtritten mangeln.
A chi troppo parla se secca 'a lengua.	A chi troppo parla si secca la lingua.	He who speaks too much finds that his tongue dries up.	Wer zu viel redet, dem verdorrt die Zunge.

Neapolitan	Italian	English	German
'A cicala canta, canta, e po' schiatta.	La cicala canta, canta, e poi muore.	The cricket sings and sings and then dies. (Describing a boisterous and ineffective person.)	Die Zikade singt und singt und dann stirbt sie.
Acquista famma e assiettete nponte.	Acquista fama e siediti sul ponte.	Become famous, and you sit on the bridge. (Opportunities land in the lap of the famous.)	Werde berühmt und setze dich auf die Brücke. (Dem Berühmten bieten sich die guten Gelegenheiten ohne eigenes Zutun)
'A cunferenza è 'a mamma d''a mala crianza.	La confidenza e la madre della cattiva educazione.	Revealed secrets are the mother of bad manners.	Vertraulichkeit ist die Mutter des schlechten Benehmens.
A 'o (ô) cunfessore se pô dìcere quacche buscia, ma ô miedeco no.	Al confessore si può dire qualche bugia, ma al medico no.	One can lie to the priest, but not to the doctor.	Dem Beichtvater kann man Lügen erzählen, dem Arzt nicht.
Addó ce sta gusto, nun ce sta perdenza.	Dove c'è gusto, non c'è perdenza.	Where there is pleasure, there is no loss.	Wo Vergnügen herrscht, gibt es keinen Verlust.

Addó magnano duje ponno magnà pure tre.

Dove mangiano due possono mangiare pure tre.

Where two eat, three can eat.

Wo zwei essen, da können auch drei essen.

Neapolitan	Italian	English	German
Addó nun te chiammano nun ce ghì.	Dove non sei chiamato non ci andare.	Don't go where you are not invited.	Geh nicht, wohin du nicht gerufen wirst.
Addó se fatica lla se magna.	Dove si lavora, la si mangia.	Where one works, one eats.	Wo gearbeitet wird, wird auch gegessen.

A sera sò bastimiente; a mattina sò varchette.

Di sera sono navi; di mattina sono barchette.

In the evening, big ships; in the morning, little boats. (Problems seem smaller the next day.)

Abends sind es Schiffe, morgens sind es kleine Kähne. (Probleme scheinen am nächsten Tag kleiner)

Addó vaje senz'o mbrello?	Dove vai senza l'ombrello?	Where are you going without an umbrella? (Said to one who lacks an essential tool.)	Wohin willst du denn ohne Regenschirm? (Dir fehlt etwas Wichtiges)
Addó vaje truove guaije.	Dove vai, trovi guai.	Wherever you go, you will find problems.	Wohin man auch kommt, man trifft überall auf Probleme.
Addó vede e addó ceca.	A volte vede ed a volte è cieco.	Sometimes he sees and sometimes he is blind. (Describing a person who abruptly and for no appararent reason changes his opinion.)	Manchmal sieht er und manchmal ist er blind. (Jemand, der ohne Grund plötzlich seine Meinung ändert)
Addurà 'o ffieto d''o miccio.	Sentire l'odore della miccia che brucia.	To smell the odor of the fuse. (See clearly imminent danger.)	Die brennende Zündschnur riechen. (Lunte riechen)
'A dìcere so' tutte capasce, 'o difficile è a ffà.	A dire sono tutti capaci, il difficile è a fare.	Everyone can talk; what is difficult is to act.	Reden können alle, Handeln aber ist schwierig.
'A famme fa ascì pure 'o lupo d''o bosco.	La fame fa uscire anche il lupo dal bosco.	Hunger will drive the wolf from the forest. (Resort to extremes in time of difficulty.)	Der Hunger treibt auch den Wolf aus dem Wald.
'A femmena bella fa l'ommo cuntento.	La bella donna rende l'uomo felice.	The beautiful woman makes a happy man.	Die schöne Frau macht den Mann glücklich.
Affucarse 'int'a nu bicchiere d'acqua.	Affogare in un bicchiere d'acqua.	To drown in a glass of water. (Completely incapable of surviving.)	In einem Glas Wasser ertrinken.(An Kleinigkeiten scheitern)

'A furtuna è femmena puntigliosa.	La fortuna e una donna capricciosa.	Fortune is a capricious lady.	Das Glück ist eine launische Frau.
'A gallina lle fa l'ove mmano.	La gallina le fa le uova in mano.	The chicken lays the eggs in one's hands. (Describing one who is very lucky.)	Die Henne legt einem die Eier in die Hand. (Glückspilz)
Agge ciorte e menate a mare.	Abbi fortuna e buttati a mare.	Be lucky and leap into the sea. (Impervious to harm.)	Viel Glück und spring ins Meer. (Vor Unheil geschützt)
'A guerra cerca 'a pace e 'a pace cerca 'a guerra.	La guerra cerca la pace e la pace cerca la guerra.	War seeks peace, and peace seeks war.	Der Krieg sucht den Frieden, und der Frieden sucht den Krieg.
'A jatta che allecca 'a cennere nun l'affidà 'a farina.	Alla gatta che lecca la cenere non le affidare la farina.	Don't entrust your flour to a cat that is licking ashes.	Vertrau der Katze, die Asche leckt, kein Mehl an.
'A jatta pe' fa ampressa, facette 'e figlie cecate.	La gatta per la fretta fece i figli ciechi.	The hasty cat will have blind kittens. (The eyes of kittens must be licked clean at birth or they will be blind. Go too fast and ruin something. Haste makes waste.)	Die Katze hat in der Eile blinde Junge geworfen. (In der Eile wichtige Dinge falsch machen)
'A jatta, quanno nun pô' arrivà ô llardo, dice ca feta.	La gatta quando non puo arrivare al lardo dice che puzza.	The cat that cannot access the lard says that the lard stinks. (Scoff at that which you cannot have.)	Wenn die Katze nicht an den Speck herankommt, sagt sie, dass er stinkt.
'A justizia piace, ma nun purtarla ncuollo.	La giustizia piace, ma non portarlo al collo.	Justice is nice, but don't carry it around on your back. (Don't carp about right and wrong or you will suffer for it.)	Gerechtigkeit gefällt, aber trage sie nicht zur Schau.
A la vocca nun ce sta gabella.	Per la bocca non ci sono tasse.	There are no taxes on what you say. (Talk is cheap.)	Für den Mund gibt es keine Steuern. (Reden kostet nichts)
'A lengua va addó fa male 'o diente.	La lingua batte dove il dente duole.	The tongue hits against the tooth that aches. (Keeping bumping a wound or bringing up a sore topic.)	Die Zunge kommt immer wieder an den kranken Zahn. (Immer wieder an den wunden Punkt rühren)

All'avvucato se dice 'a verità; s'ha ddà vedè isso po' comme l'ha ddà imbruglià.

All'avvocato si dice la verità; sta a lui poi vedere come deve imbrogliarla.

To the lawyer one tells the truth; it is then up to the lawyer to figure out how to entangle it.

Dem Rechtanwalt erzählt man die Wahrheit, es ist dann seine Sache, wie er sie verdreht.

A lo marito nce vô prudenza, e â mujere nce vô pacienza.	Con il marito ci vuole prudenza, e con la moglie ci vuole pazienza.	With the husband, be prudent; with the wife, be patient.	Mit dem Ehemann muss man Vorsicht walten lassen, und mit der Ehefrau muss man Geduld haben.
A lo villano si ll'è dato lo dito se piglia 'a mano.	Al villano se gli viene dato un dito si prende tutta la mano.	If you offer a finger to a villain, he will take your whole hand.	Gibt man dem Flegel den kleinen Finger, nimmt er sich die ganze Hand.
'A lucerna senza ll'uoglio se stuta.	La lucerna senza l'olio si spegne.	The lantern goes out when it has no oil.	Ohne Öl geht die Lampe aus.
Ama l'amico co lo vizio sujo.	Ama l'amico con i suoi vizi.	Love your friend with all of his flaws.	Liebe den Freund mit all seinen Lastern.
'A malevera subbeto cresce.	La malerba subito cresce.	Weeds grow quickly. (The best things take time to develop.)	Unkraut wächst schnell.
Ama lu mare, ma tienete â taverna.	Ama il mare, ma resta nella taverna.	Love the sea, but stay in the tavern. (Be prudent.)	Liebe das Meer, aber bleibe in der Schenke.
'A meglia medecina: vino e campagna e purpette e cucina.	La migliore medicina: vino di campagna e buona cucina.	The best medicine: wine from the countryside and good food.	Die beste Medizin: Landwein und gute Küche.
'A meglia parola è chella ca nun se dice.	La miglior parola è quella che non si dice.	The best word is the one not spoken.	Das beste Wort ist ein nicht ausgesprochene. (Reden ist Silber, Schweigen ist Gold)

Amice e vino hanno essere viecchie.

Gli amici e il vino devono essere vecchi.

Friends and wine are best when aged.

Freunde und Wein müssen alt sein.

Amicizia e primmo ammore nun se scordano maje.	L'amicizia e il primo amore non si dimenticano mai.	Friends and first love are never forgotten.	Freundschaft und die erste Liebe vergisst man nie.
Ammore e mamma nun te nganna.	L'amore di mamma non può ingannarti.	You will never be cheated by a mother's love.	Die Liebe einer Mutter trügt nie.
Ammore e paglia subbeto squaglia.	Il fuoco di paglia si spegne subito.	A fire of straw is quickly consumed. (Torrid affairs flame out quickly.)	Ein Strohfeuer brennt schnell nieder.
Ammore e villegiatura, statte attienta, ca poco dura.	L'amore di villegiatura, stai attento perché dura poco.	Regarding love found on summer vacation - treasure the moment, because it will not last.	Urlaubsliebe – Vorsicht, denn sie hält nicht lange.
Ammore nun va truvanno ricchezza.	L'amore non cerca la ricchezza.	Love seeks not riches.	Liebe sucht keinen Reichtum.
Ammore vero è quanno s'appiceca e se fa pace.	Amore vero è quando si bisticcia e si fa pace.	True love involves fighting and making up.	Wahre Liebe ist, wenn man streitet und sich dann wieder verträgt.
'A mugliera e l'ate è sempe cchiù bella.	La moglie degli altri è sempre più bella.	The other man's wife is always more beautiful. (The grass is always greener on the other side of the fence.)	Die Frau des anderen ist immer die schönste.
'A mugliera è sempe mugliera.	La moglie è sempre moglie.	The wife is always the wife.	Die Ehefrau ist und bleibt die Ehefrau.
'A muneta è 'a serva e l'ommo, ma 'o cchiù d''e vote è ll'arruina soja.	Il denaro è servo dell'uomo, ma la maggior parte delle volte lo rovina.	Money serves the man, but usually it destroys him.	Geld dient dem Menschen, aber in den meisten Fällen ist es sein Ruin.

'A neve e marzo nun fa male, ma chella d'abbrile te leva pane e vino.	La neve di marzo non fa male, ma quella di aprile ti leva pane e vino.	Snow in March is fine; snow in April will deprive you of bread and wine.	Schnee im März schadet nicht, aber im April nimmt er dir Brot und Wein.
Aniello ca nun se pava nun se stima.	Anello che non si paga non si stima.	The ring that is not paid for is not appreciated.	Den Ring, für den man nicht zahlt, weiß man nicht zu schätzen.
'A nubbiltà senza denaro e na lampa senza uoglio.	La nobiltà senza denaro è come una lampada senz'olio.	Nobility without money is like a lamp without oil.	Adel ohne Geld ist wie eine Lampe ohne Öl.
A 'o (ô) bisogno se canosce l'amico.	Nel bisogno si conosce gli amici.	One knows his friends in time of need.	In der Not erkennst du deine Freunde.
A 'o (ô) cane viecchio tutte quante lle scarpesano 'a coda.	Al cane vecchio tutti calpestano la coda.	Everyone steps on the old dog's tail.	Dem alten Hund treten alle auf den Schwanz.
A ogne auciello pare sempe chhiù bello 'o nido sujo.	Ad ogni uccello sembra sempre più bello il suo nido.	To every bird, his own nest is more lovely.	Jedem Vogel scheint sein Nest das schönste.
'A pacienza vale cchiù d''a scienzia.	La pazienza vale più della scienza.	Patience is worth more than knowledge.	Geduld ist mehr wert als Wissen.
A parlà so' tutte capace; 'o difficile e a ffà.	A parlare sono tutti capaci; il difficile è agire.	Everyone can talk - what is hard is to act.	Reden können alle, aber Handeln ist schwierig.
A pavà e a murì sempe ce sta tiempo.	Pagare e morire, c'è sempre tempo.	Paying debts and dying - better to do them later rather than sooner.	Mit dem Zahlen und dem Sterben hat es keine Eile.
'A pecora pe' ffà "bbe", perdette 'o muorso.	La pecora per far "beeh", perse ciò che aveva in bocca.	In order to say "baah," the sheep lost the morsel in the mouth. (Have something, but lose what you have by trying to get something else.)	Um „Bäh" zu sagen, hat das Schaf verloren, was es im Maul hatte.
A (ê) piccerille nun prumettere, ê sante nun ffà vuto.	Ai bambini non promettere, ai santi non far voto.	Don't make promises to children, and don't make vows to the saints.	Kindern sollst du nichts versprechen, Heiligen nichts geloben.
'A preta piccerille mmerteca 'o carro.	La pietra piccola rompe il carro.	The small stone destroys the cart.	Der kleine Stein zerbricht den Karren.
'A ragione è d''e scime.	La ragione è degli stupidi.	Every fool has his good reasons.	Die Dummen wollen immer Recht haben.

Napoletano	Italiano	English	Deutsch
Arbero che nun fa frutte - spaccalo e miettelo ô ffuoco.	L'albero che non fa frutti - spaccalo e mettilo nel fuoco.	If the tree does not bear fruit - chop it up and throw it in the fire. (Get rid of useless items.)	Fälle und verbrenne den Baum, der keine Früchte trägt.
Arbere e figlie se radderizzano sulo quanno so' piccerille.	Gli alberi ed i figli si raddrizzano solo quando sono giovani.	Trees and children can be straightened out only when they are young.	Bäume und Kinder kann man nur zurechtbiegen, solange sie jung sind.
Aret'ô monte nce sta 'a scesa.	Dietro al monte c'è la discesa.	Behind the mountain there is a slope. (An admonition to persist in something because it will get easier later on.)	Hinter dem Berg geht es wieder bergab.

Aria, acqua, e pulizia nun lle truove nfarmacia.

Aria, acqua, e pulizia non le trovi in farmacia.

Air, water and cleanliness are not found in the pharmacy. (Medicine treats the symptoms but is not the key to good health.)

Luft, Wasser und Sauberkeit findest du in keiner Apotheke.

Napoletano	Italiano	English	Deutsch
Aria netta nun ave paura d''e tronole.	L'aria pulita non ha paura dei temporali.	When the weather is fair, worry not about thunderstorms.	Reine Luft hat keine Angst vor Gewittern.
'A ricaduta e peggio d''a malatia.	La ricaduta è peggiore della malattia.	The relapse is worse than the illness.	Der Rückfall ist schlimmer als die Krankheit.
'A rroba bella se fa a vedè.	La roba bella si fa vedere.	Beautiful things were made to be seen.	Schöne Dinge zeigt man her.
'A rrobba e ll'avaro s''a magna 'o sciampagnone.	La roba dell'avaro se la mangia lo scialacquone.	The belongings of the greedy man are consumed by the spendthrift.	Die Habe des Geizhalses gibt der Prasser aus.

'A rrobba nun è pe' chi l'ha, ma pe' chi s''a gode.

La roba non è per chi la produce, ma per chi se la gode.

Things are not for those who produce them, but for those who enjoy them.

Die Dinge sind nicht für diejenigen, die sie machen, sondern für diejenigen, die sie genießen.

Arrore cummette chi va cercanno ova d''o lupo.	Errore commette chi si mette in cerca di uova di lupo.	He who seeks wolf eggs will commit errors. (Seek not that which does not exist.)	Einen Fehler macht, wer Wolfseier sucht.
'A salute s'abbusca e nun s'accatta.	La salute ce la si guadagna, non la si compra.	Health is earned, not purchased.	Die Gesundheit muss man sich verdienen, man kann sie nicht kaufen.
Ascì d''a mano d''e cane e ghì a fernì mmano ê lupe.	Uscire da mano ai cani e finire in mano ai lupi.	Escape from the clutches of the dogs, and end up in the clutches of the wolves.	Den Hunden entkommen, um unter die Wölfe zu fallen.
'A speranza è 'o pane d''e puverielle.	La speranza è il pane dei poveri.	Hope is bread for the poor.	Hoffnung ist das Brot der Armen.
'A spesa nun vale 'a mpresa.	La spesa non vale l'impresa.	The effort is not worth the result.	Das Unterfangen lohnt die Kosten nicht.
Assicà 'o mare cu 'a cucciulella.	Asciugare il mare con un mestolino.	Drain the sea with a ladle. (Engage in a laborious task.)	Das Meer mit einer Suppenkelle trockenlegen.
Astipa ca truove.	Conserva che trovi.	Hold on to what you find.	Bewahre, damit du findest.
Astipa e miette ncore: quanno è tiempo, jetta fora.	Conserva mettendo nel cuore: quando è il moment, getta fuori.	Hold on to the things in your heart; when it is time, let them go.	Bewahre in deinem Herzen - und lass im richtigen Moment gehen.
Astipate da magnà e nun t'affatica.	Conserva per mangiare e non ti affaticare.	Stock up on what you need and later you won't have to fuss to get it.	Bewahre zu essen auf und strenge dich nicht zu sehr an. (Wer Vorräte hat, braucht sich später nicht anzustrengen)

Astipate 'o piezzo janco pe' quanno veneno 'e tiempe nire.	Conserva il pezzo bianco per quando verrano i tempi neri.	Keep the white chunks for black times.	Hebe das weiße Stück für schwarze Zeiten auf.
'A strata è pubblica e 'a casa è privata.	La strada è pubblica e la casa è privata.	The street is public and the home is private.	Die Straße ist öffentlich, und das Haus ist privat.

'A sunature nun se portano serenate.

Ai suonatori non si portano serenate.

One does not serenade the serenader. (Don't show off your mediocre skill in the presence of a master.)

Musikern bringt man kein Ständchen. (Man soll mit seiner Mittelmäßigkeit nicht den Meister beeindrucken wollen)

'A superbia è 'a mamma e l'arruina.	La superbia è la mamma della rovina.	Pride is the mother of ruin.	Hochmut ist die Mutter des Ruins.
Attacca 'o ciuccio addó vô 'o patrone.	Attacca l'asino dove vuole il padrone.	The donkey gets hitched wherever the master wants.	Binde den Esel da fest, wo sein Herr es will.
A te 'a capa te serve sulo pe' spartere 'e 'recchie.	A te la testa serve solo a dividere le due orecchie.	Your head serves only to divide your ears. (Used to tell someone he is stupid.)	Du brauchst deinen Kopf nur, um deine zwei Ohren voneinander zu trennen.
'A troppa cunescenzia fa perdere 'o rispetto.	La troppa confidenza fa perdere il rispetto.	Excessive familiarity destroys respect.	Zu viel Vertraulichkeit schadet dem Respekt.
'A troppa derettezza fa trasì ncurrivo.	L'eccessiva sicurezza finisce col dare fastidio.	Over-astuteness becomes an annoyance.	Zu viel Gerissenheit wird zum Ärgernis.
A tutt'e cose nce vô a regola.	In tutte le cose ci vuol una regola.	Everything needs a rule.	Alle Dinge bedürfen einer Regel.
A tutt'e parte stanno 'i buone e 'i malamente.	Dovunque ci sono persone buone e persone malvage.	Everywhere there are bad and good people.	Überall gibt es gute und schlechte Menschen.
Auciello in gabbia o canta p'ammore o canta pe' raggia.	L'uccello in gabbia o canta per amore o canta per rabbia.	A bird in a cage sings either because it is in love or because it is enraged.	Der Vogel im Käfig singt entweder aus Liebe oder aus Wut.

Auciello viecchio nun trase ncaiola.	L'uccello vecchio non entra nella gabbia.	Old birds don't enter the cage. (With age comes knowledge of what to avoid.)	Ein alter Vogel geht nicht in den Käfig.
Aude, vide, e tace, si vô vivere npace.	Guarda, ascolta, e taci, se vuoi vivere in pace.	Listen, watch, and keep silent, if you wish to live in peace.	Höre, sieh und schweige, wenn du in Frieden leben willst.
Aurie e chiazza e trivolo e casa.	Allegro in piazza e triste in casa.	Happy in public, sad at home.	Lustig auf dem Marktplatz und traurig zu Hause.
Austo cap'e vierno.	Agosto è capo d'inverno.	August is on the threshold of winter.	Der August steht an der Schwelle zum Winter.
'A vallina vecchia te fa 'o broro buono.	Gallina vecchia fa buon brodo.	Old chickens make good broth.	Ein altes Huhn gibt eine gute Suppe.
Ave doje facce.	Avere due facce.	Keep two faces.	Zwei Gesichter haben.
Averè 'a mala parata.	Vedere una cattiva situazione.	See a bad situation. (To recognize that something bad is imminent.)	Eine üble Situation kommen sehen.
Avere le freselle a ll'uocchie.	Avere le freselle agli occhi.	Have round bread rolls on the eyes. (To have rings around the eyes from a rough night.)	Brotringe um die Augen haben. (Dunkle Ringe um die Augen haben)
'A vera ricchezza d''a casa so' 'e figlie.	La vera ricchezza della casa sono i figli.	Children are the true treasure of a home.	Der wahre Reichtum in einem Haus sind die Kinder.
'A verità sta sempe addó tresca 'o vino.	La verità sta sempre dove sta il vino.	Truth is always found where the wine is. (In vino, veritas.)	Die Wahrheit ist immer da, wo der Wein ist. (In vino veritas)
'A verita va sempe a summo.	La verità viene sempre a galla.	Truth always rises to the surface.	Die Wahrheit kommt immer nach oben. (Die Sonne bringt es an den Tag)
'A via deritta è sempe 'a cchiù spicciativa.	La via diritta è sempre la più breve.	The straight path is always the shortest.	Der gerade Weg ist immer der kürzeste.
Avimmo cumbinata a carrozza: cumbinammo 'o scurriato.	Ci siamo accordati sulla carrozza, accordiamoci per la sella.	We have agreed on the price of the carriage, now let's agree on the price of the saddle. (To haggle over the remaining details of a deal.)	Wir haben uns über die Kutsche geeinigt, einigen wir uns auch über den Sattel.

A vita è n'affacciata e fenesta.	La vita è una affacciata di finestra.	Life is a peek through the window. (Life is but an instant.)	Das Leben ist ein kurzer Blick aus dem Fenster.
A vocca nchiusa nun traseno mosche.	Nella bocca chiusa non entrano mosche.	Flies enter not the closed mouth.	In den geschlossenen Mund kommen keine Fliegen.
'A voce 'i popolo è 'a voce 'i Dio.	La voce del popolo è la voce del Dio.	The voice of the people - the voice of God. (Popular opinion is usually right.)	Das Wort des Volkes ist das Wort Gottes.
'A votte da chello ca tene.	La botte fornisce ciò che ha.	The barrel provides what it has. (You get what is available.)	Das Fass gibt, was es hat.
Avutato 'o puntone s'ha scurdato 'o dulore.	Girato l'angolo si è scordato il dolore.	When you turn the corner, you have forgotten the pain.	Hinter der nächsten Ecke ist der Schmerz vergessen.
Avuto 'o miraculo, gabbato 'o santo.	Avuto il miracolo, imbrogliato il santo.	When the miracle occurs, the saints are confused. (People disregard the saints after getting what they want.)	Das Wunder ist geschehen, der Heilige wird betrogen.
'A zitella quanno s'ammarita tutt'a vonno.	La zitella solo quando si marita tutti la vogliono.	Only when she marries does the old maid become an object of desire.	Wenn die alte Jungfer heiratet, wollen sie auf einmal alle haben.
Bella tavernara, cunto caro.	Bella locandiera, conto caro.	Beautiful inn-keeper, high prices.	Schöne Wirtin, teure Rechnung.
Bello juoco dura poco.	Ogni bel gioco dura poco.	Fun and games don't last long.	Schöne Spiele dauern nicht lange.

Buono tiempo e malo tiempo nun durano tutt'o tiempo.

I tempi buoni ed i tempi cattivi non durano tutto il tempo.

Good times and bad times don't last all the time.

Gute Zeiten und schlechte Zeiten währen nicht für alle Zeiten.

Caccia 'a capa a fora d''o sacco.	Tirare fuori la testa dal sacco.	Stick your head out of the sack. (Make your presence known beyond the proper limits.)	Den Kopf aus dem Sack ziehen.
Calate, junco, ca passa 'a chiena.	Calati giunco che passa la piena.	Bend over bamboo, the storm waters are rising. (Get ready or be swept away.)	Beuge dich, Rohr, denn die Flut kommt.
Campa cavallo, ca l'evera cresce.	Campa cavallo che l'erba cresce.	The horse survives only because the grass is growing. (Describing someone who is lazy and merely subsisting.)	Halte durch, Pferd, das Gras wächst. (Jemand, der faul ist und einfach vor sich hin lebt)
Cane ca s'e scuttato d'acqua caura, 'ave paura pure e ll'acqua fredda.	Il cane che si e scottato con la acqua calda ha paura anche dell'acqua fredda.	The dog scalded with hot water fears also cold water.	Der Hund, der sich mit heißem Wasser verbrüht hat, hat auch vor kaltem Wasser Angst. (Gebranntes Kind scheut das Feuer)
Cantina vecchia nun 'ave bisogna e frasca.	La cantina vecchia non ha bisogno di frasche.	The old wine cellar needs no sign to announce the availability of wine. (The old pro needs no guidance.)	Ein alter Weinkeller braucht kein Aushängeschild.
Capo de casa sia capo de vrasa.	Il capo di famiglia sia forte.	The head of the family must be strong.	Das Familienoberhaupt muss stark sein.
Carcere e malatie fanno canoscere ll'amice.	Carcere e malattie fanno conoscere gli amici.	Imprisonment and illness teach you who your friends are.	Gefängnis und Krankheit lassen dich deine Freunde erkennen.
Carte e donne fanno chello ca vonno.	Le carte e le donne fanno quello che vogliono.	Cards and women do whatever they want.	Karten und Frauen machen, was sie wollen.
Casa addó nun nce vatte sole nce traseno miedeco e cunfesore.	Nella casa dove non batte il sole ci entrano il medico e il confessore.	In the home where there is no sunshine, the doctor and the priest will enter.	Im Haus, in das keine Sonne dringt, halten der Arzt und der Beichtvater Einzug.
Casa fatta e vigna posta nun se pava quanto costa.	Casa fatta e vigna impostata non si pagano quanto costerebbero.	For the house that is already built and the vinyard that is already yielding, you never pay true value.	Für ein fertiges Haus und einen tragenden Weinberg zahlt man nie, was sie wirklich wert sind.

Ca sotto nun ce chiove, jevanno ricenne e pisci sott'all'acqua.	Qua sotto non ci piove, andavano dicendo i pesci sott'acqua.	It won't rain down here, said the fish down in the water.	Hier unten regnet es nicht auf uns, sagten die Fische im Wasser.
Caudara guardato nun volle maje.	Pentola guardata non bolle mai.	The pot of water will never come to boil by staring at it.	Schaut man immer auf den Topf, kocht er nie. (Der bewachte Topf kocht nicht)

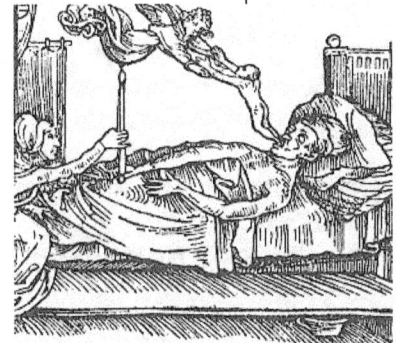

Cauro e lietto nun coce fasule.

Il caldo del letto non cuoce fagioli.

A warm bed will not cook the beans.

Mit Bettwärme kocht man keine Bohnen.

Cchiù scorre uoglio, cchiù macchie se fanno.	Piu scorre olio, piu macchie si fanno.	The more the oil flows, the more stains you will get.	Je stärker das Öl fließt, desto mehr Flecken gibt es.
Ce stanno uommene, uommenicchie e uommenone.	Ci sono uomini, ometti e grandi uomini.	There are men, little men, and great men.	Es gibt Männer, Männchen und große Männer.
Che è? Tiene 'a neve dint'a sacca?	Che c'è? Hai la neve in tasca?	What is this? You have snow in your pocket? (You're in a hurry?)	Was ist los? Hast du Schnee in der Tasche? (Hast du es eilig?)
Che fa ô rre, si perde a nu surdato?	Che importa al re se perde un soldato?	What does the king care if he loses one soldier?	Was stört es den König, wenn er einen Soldaten verliert?
Chi accatta sprezza, chi ha accattato apprezza.	Chi acquista disprezza, chi ha comprato apprezza.	The person buying something diminishes the value of the product, and the person who has bought the thing will overstate the value of the product.	Wer kaufen will, verachtet die Ware, wer gekauft hat, schätzt sie sehr.
Chi adimanna, nun fa errore.	Chi chiede non commette mai errore.	He who asks, never makes a mistake.	Wer fragt, macht keine Fehler.

Chi a fa se nne scorda, ma chi l'ave s'a ricorda.	Chi fa la dimentica, ma chi l'ha ricevuta la ricorda.	The person who commits a misdeed forgets it, but the person who suffers the misdeed will remember it.	Wer eine Tat begeht, vergisst, aber wer sie erleidet, erinnert sich.

Chi 'a fatica nun allenta, d'a famma nun è parente.

Chi non diminuisce mai di lavorare, non sarà parente della fame.

A hard worker will never suffer from hunger.

Wer in der Arbeit nie nachlässt, nennt den Hunger nicht Gevatter.

Chi angelo vô parè, chillo è diavulo.	Chi angelo vuol apparire, quello e diavulo.	The one that wants to look like an angel is the devil. (Watch out for the one trying too hard to look benevolent.)	Wer sich als Engel gibt, ist in Wirklichkeit der Teufel.
Chi arroba fa nu penziero e chi e arrubbato ne fa ciento.	Chi ha rubato ci ha pensato una volta sola e chi invece è stato derubato ne ha cento.	The thief thinks once of the deed, the victim thinks about it 100 times.	Wer gestohlen hat, hat nur ein Mal darüber nachgedacht, wer bestohlen wurde, hundert Mal.

Chi avette fuoco campaje e chi avette pane murette.

Chi ebbe fuoco visse, chi ebbe pane morì.

He who had fire lived, he who had bread died. (Fire is more important for survivial than bread.)

Wer Feuer hatte, hat überlebt, wer Brot hatte, ist gestorben.

Chi bene fa male aspetta.	Chi fa del bene si prepari al male.	If you do good, be prepared for bad.	Wer Gutes tut, rechne mit dem Schlechten.
Chi buono accummenza è a mmita e ll'opera.	Chi ben incomincia, e alla metà dell'opera.	He who starts well is half-way done.	Wer gut beginnt, ist schon halb fertig.

Chi cagna penzata a ogne mumento fatica senza concludere niente.	Chi cambia idea continuamente lavora senza concludere nulla.	He who keeps changing his mind never gets anything done.	Wer ständig seine Meinung ändert, bringt nichts zu Ende.
Chi cammina deritto, campa afflitto. Chi cammina sturtariello, campa bunariello.	Chi è troppo onesto non vive bene. Chi vive senza farsi troppi scrupoli riesce a vivere meglio.	Be too honest, and live badly. Without too many scruples, one lives well.	Wer zu ehrlich ist, lebt nicht gut. Wer keine großen Skrupel hat, lebt besser.
Chi cammina guardano arreto sbatte cu 'o musso nterra.	Chi cammina guardando dietro finisce con la faccia a terra.	He who proceeds in life by watching the past, will end up with his face in the dirt.	Wer beim Gehen nach hinten schaut, landet mit dem Gesicht auf dem Boden.
Chi cammina pe' ll'ombra s'offenne d"a luce.	Chi cammina nell'ombra si offende della luce.	He who walks in the dark will be harmed by sudden light. (The ignorant will be harmed by sudden enlightenment.)	Wer im Schatten geht, fühlt sich vom Licht geblendet. (Dem Unwissenden schadet die plötzliche Erleuchtung)
Chi campa d'entrate, campa penato.	Chi vive di uno stipendio fisso vive con pena.	Live on a fixed income and live with grief.	Wer von einem festen Gehalt lebt, führt ein Leben voller Entbehrungen.
Chi capisce, patisce.	Chi capisce gli altri, patisce gli altri.	Understand others, and suffer with others. (Empathize.)	Wer die anderen versteht, leidet mit ihnen.
Chi cchiù pensa e sapè, cchiù è 'gnurante.	Chi piu crede di sapere, piu è ignorante.	He who thinks he knows more is more ignorant.	Je mehr jemand zu wissen glaubt, desto dümmer ist er.

Chi cerca chillo ca nun deve, trova chillo ca nun vô.

Chi cerca ciò che non deve, trova ciò che non vuole.

He who seeks what he should not seek, finds what he does not want.

Wer sucht, was er nicht soll, findet, was er nicht will.

Chi cerca 'o mmale d'autro trova lo danno soje.	Chi cerca il male altrui, trova il proprio.	He who seeks evil for others, will find evil for himself.	Wer für andere Schlechtes sucht, findet es für sich selbst.
Chi chiagne fotte a chi rire.	Chi piange frega chi ride.	He who cries deceives those who are laughing. (Describing one who feigns misery.)	Wer weint, legt den herein, der lacht. (Über jemanden, der sein Elend nur vorspiegelt)
Chi ciuccio se cocca, ciuccio se sceta.	Chi va a dormire ciuccio, ciuccio si sveglia.	He who goes to sleep as a donkey, wakes up as a donkey. (Overnight an ignorant person will be the same as before.)	Wer als Esel schlafen geht, wacht auch als Esel wieder auf.
Chi crapa se face lo lupo se la magna.	Chi pecora si fa, il lupo se lo mangia.	He who acts like a sheep will be eaten by the wolf.	Wer sich zum Schaf macht, den frisst der Wolf.
Chi cuffeja resta cuffiato.	Chi prende in giro gli altri sarà a sua volta schernito.	He who makes fun of others will in turn be made fun of by others.	Wer die anderen narrt, wird selbst genarrt.
Chi cummana nun sure.	Chi commanda non suda.	He who gives orders does not perspire. (The boss doesn't break a sweat doing the manual labor.)	Wer befiehlt, schwitzt nicht.
Chi d'autro se veste, subbeto se spoglia.	Chi di altro si veste, subito si spoglia.	He who dresses in the clothes of others is quickly undressed.	Wer die Kleider der anderen anzieht, zieht sich gleich wieder aus. (Wer die Dinge der anderen benutzt, hat am Ende gar nichts)
Chi de speranze campa, disperato more.	Chi vive di speranza, muore disperato.	Live on hope and die hopeless.	Wer von der Hoffnung lebt, stirbt verzweifelt.
Chi dice parlamiento, dice guastamiento.	Chi dice parlamento, dice bisticci.	He who says the word 'parliament' speaks of disputes.	Wer Parlament sagt, sagt Streiterei.
Chi disprezza vô accattà.	Chi disprezza vuol comprare.	He who speaks with disdain is actually the one who wants to make the purchase.	Wer verachtet, will kaufen.

Chi dona, caro venne. E chi te da cchiù che non pô, o t'a ngannato o ngannà te vuo.	Chi dona, caro vende. E chi ti da più che non può, o ti ha ingannato o ti vuole ingannare.	He who provides a gift, will exact a high price. And a person who gives you more than he can, has either tricked you or intends to trick you.	Wer schenkt, verkauft teuer. Wer dir mehr gibt, als er kann, hat dich betrogen oder will dich betrügen.
Chi dorme cu 'o cane s'aiza cu 'e pullece.	Chi dorme col cane, si alza con le pulci.	Sleep with the dogs, wake up with fleas.	Wer mit Hunden schläft, wacht mit Flöhen auf.
Chi dorme nun pecca, ma nemmeno piglia pisce.	Chi dorme non fa nulla di male, ma nemmeno piglia pesci.	One does nothing wrong when sleeping, but he catches no fish.	Wer schläft, tut nichts Böses, aber fängt auch keine Fische.
Chi dorme sulo, largo se cocca.	Chi dorme da solo sta più comodo.	He who sleeps alone sleeps best.	Wer allein schläft, schläft bequemer.
Chi è ciuccio è pure presuntuoso.	Chi è asino è anche presuntuoso.	He who is a donkey is also arrogant.	Wer ein Esel ist, ist auch anmaßend.
Chi è ciuccio è se crede d'essere ciervo, quanno zomba 'o fuosso, se n'addona.	Chi è asino e si crede di essere cervo, quando salta il fosso, se ne accorge.	He who is a donkey and believes he is a deer, will find that he isn't a deer when he tries to jump over the ditch.	Wer ein Esel ist und sich für einen Hirsch hält, merkt den Irrtum, wenn er über den Graben springt.
Chi e curtiello ferisce e curtiello perisce.	Chi di coltello ferisce di coltello perisce.	He who is wounded by the knife will die by the knife.	Wer mit dem Messer verletzt, stirbt durch das Messer.
Chi è figlio e jatta, sorice piglia.	Chi è figlio di gatta, ai topi dà la caccia.	The son of the cat catches mice.	Die Kinder der Katze jagen die Mäuse.
Chi è puveriello e denare e ricco e core.	Chi è povero di denaro è ricco di cuore.	He who has no money has a rich heart.	Wer arm an Geld ist, ist reich an Herz.
Chi fa 'a legge, l'ha da respetta.	Chi prescrive una regola, deve rispettarla.	He who makes a rule should follow it.	Wer eine Regel aufstellt, muss sie einhalten.

Chi fa bene, bene trova; chi fa male, male aspetta.

Chi fa bene, bene trova; chi fa male, male aspetti.

He who does good, finds good; he who does bad, can expect bad.

Wer Gutes tut, findet Gutes; wer Böses tut, erwarte Böses.

Chi fa buona guerra ave buona pace.	Chi combatte bene riesce ad ottenere una buona pace.	He who fights well will obtain a good peace.	Wer gut kämpft, erhält auch einen guten Frieden.
Chi fa, fa a isso.	Chi fa, lo fa a se stesso.	What you do, you do to yourself.	Wer etwas macht, macht das für sich selbst.
Chi fa piacere sempre ne trova.	Chi fa piacere sempre ne trova.	He who brings pleasure always finds pleasure.	Wer Freude bereitet, findet immer Freude.
Chi fatica aspetta premmio.	Chi lavora attende il premio.	He who works can expect compensation.	Wer arbeitet, erwartet eine Belohnung.
Chi fatica e juorne e festa, chello ca s'abbusca trase p'a porta e se n'esce p''a fenesta.	Chi lavora nei giorni di festa, quello che guadagna gli entra dalla porta e gli esce dalla finestra.	He who works during the holiday, has earnings that come in the door and go out the window.	Wer an Feiertagen arbeitet, bei dem kommt das Verdiente zur Tür herein und geht zum Fenster wieder raus.
Chi fatica magna; chi nun fatica magna e beve.	Chi lavora, mangia; chi non lavora, mangia e beve.	He who works, eats; he who doesn't work, eats and drinks. (Smart people find a way to make more without working.)	Wer arbeitet, isst; wer nicht arbeitet, isst und trinkt.
Chi fatica nun magna e chi nun fatica magna gallina.	Chi fatica non mangia e chi non fatica mangia la gallina.	He who works, does not eat, and he who does not work, eats chicken.	Wer arbeitet, hat nichts zu essen, und wer nicht arbeitet, isst Huhn.
Chi fa trenta, pô' fa pure trentuno.	Chi fa trenta può fare trentuno.	He who does 30 can do 31. (You can always take one extra step.)	Wer dreißig macht, kann auch einunddreißig machen.
Chi forza nun have s'arma d''e ngegno.	Chi non ha forza si arma di ingegno.	He who lacks strength should have a good mind.	Wem es an Kraft fehlt, der wappne sich mit Verstand.

Chi fraveca e sfraveca nun perde maje tiempo.	Chi fa e disfa non perde mai tempo.	He who does and undoes, never loses time.	Wer baut und zerlegt, verliert keine Zeit.
Chi gallina nasce nterra raspa.	Chi nasce gallina in terra raspa.	He who is born as a chicken scratches the dirt.	Wer als Huhn auf die Welt kommt, scharrt in der Erde.
Chi ghiotte sano, more affucato.	Chi inghiotte intero, muore affogato.	He who swallows large chunks will die from choking.	Wer den Brocken im Ganzen runterschluckt, erstickt daran.

Chi gode ngiuventù', patisce nvicchiaia.

Chi gode troppo da giovane patisce in vecchiaia.

He who in his youth enjoys too much, in old age suffers too much.

Wer in der Jugend genießt, leidet im Alter.

Chi graffe fere e cortellaccio more.	Chi ferisce con le mani muore di coltello.	He who wounds with his hands dies by the knife.	Wer mit den Händen verletzt, stirbt durch das Messer.
Chi guarda 'a robba e l'ate perde pure 'a soje.	Chi sorveglia la roba degli altri finisce col perdere anche la propria.	He who watches other people's things ends up losing his own things.	Wer auf die Sachen der anderen aufpasst, verliert am Ende auch die eigenen.
Chi guvierna 'a robba e ll'ate nun se cocca senza magnà.	Chi amministra la roba altrui non va a dormire senza mangiare.	He who administers the affairs of others will never go to bed hungry.	Wer die Dinge der anderen verwaltet, geht nicht mit leerem Magen ins Bett.
Chi guvierna lo cavallo soje, nun è chiammato muzzo d''e stalla.	Chi governa il proprio cavallo non è chiamato mozzo di stalla.	He who watches his own horse is not called 'stable-boy.'	Wer sein eigenes Pferd versorgt, wird nicht Stalljunge gerufen.
Chi ha denaro fraveca e chi ha viento naveca.	Chi ha denaro costruisce e chi ha vento naviga.	With money one builds, and with wind one sails.	Wer Geld hat, baut, und wer Wind hat, segelt.
Chi ha fatto chicchirichì nun pô ffà chicchiricò.	Chi ha fatto chicchirichì non può fare chicchiricò.	He who has said black cannot later say white. (You are stuck with your position.)	Wer Kikeriki gesagt hat, kann nicht Kikeriko sagen.

Chi ha fatto o peccato pava a penitenza.	Chi ha fatto il peccato paghi la penitenza.	He who commits the crime does the time.	Wer gesündigt hat, bezahlt die Strafe.
Chi lassa 'a via vecchia p''a nuova, spesso ngannato se trova.	Chi lassa la via vecchia per la nuova, spesso ingannato si ritrova.	He who leaves the old path, often will be deceived by the new path.	Wer den alten Weg verlässt, um dem neuen zu folgen, wird oft in die Irre geführt.
Chi lava 'a capa all'aseno nce perde acqua, sapone e tiempo.	A lavar la testa all'asino si perde acqua, sapone, e tempo.	Washing the head of a donkey, one wastes water, soap, and time.	Wer dem Esel den Kopf wäscht, verschwendet Wasser, Seife und Zeit.
Chilla carne che fetette nun pô' maje cchiù addurà.	La carne che puzza non potrà mai più profumare.	Meat that has turned rotten can never be made fresh again.	Fleisch, das stinkt, kann nie mehr duften.
Chillo ca è bello a lo core piace.	È bello quel che piace al cuore.	If it pleases your heart, it is lovely.	Was schön ist, gefällt dem Herzen.
Chillo ca fa 'a mano deritta nun l'ha da sapè 'a mano storta.	Quello che fa la mano destra non lo deve sapere la mano sinistra.	The left hand should not know what the right hand is doing.	Was die rechte Hand macht, darf die linke nicht wissen.
Chillo ca nun se pava nun se stima.	Quello che non si paga non si stima.	What you do not pay for, you do not appreciate.	Was man nicht bezahlt, weiß man nicht zu schätzen.
Chillo ca nun vô sentì, fa verè ca nun sente.	Quello che non vuol sentire, fa finta di essere sordo.	He who does not want to hear, pretends that he cannot hear. (Describing a person who doesn't get the hint because he doesn't want to hear.)	Wer nicht hören will, tut so, als sei er taub.
Chillo ca nun voglio a l'uorto me nasce.	Quello che non voglio dall'orto mi nasce.	That which I do not want in my garden is what I will get in my garden. (End up with the thing you do not want.)	Was ich im Garten nicht will, das wächst.
Chillo ca pe' te nun vuò, pe' l'autre nun sia.	Quello che non desideri per te, non desiderare per gli altri.	Do not wish upon others that which you do not wish upon yourself.	Was du dir nicht selber wünscht, das wünsche auch nicht den anderen. (Was du nicht willst, dass man dir tu', das füg' auch keinem andern zu)

Chillo ca piace nun fa male.	Ciò che piace non fa male.	Pleasing things are not bad things.	Was gefällt, schadet nicht.
Chillo ca tu nun vire nsciore, nun aspettà manco nfrutto.	Dove non vedi il fiore, non attenderti nemmeno il frutto.	If you don't see flowers, don't expect to see fruit.	Wo du keine Blüte siehst, erwarte auch keine Frucht.
Chillo ca vene cu 'o ndringhete-ndrì se ne va cu 'o ndringhete-ndrà.	Il denaro mal guadagnato si perde facilmente.	Money badly acquired is easily lost.	Unrecht erwobenes Geld ist leicht verloren.
Chillo ca vene e riffa e raffa se nne va e buffa e faffa.	Le cose acquistate troppo facilmente si perdono altrettanto facilmente.	That which comes easily, goes easily. Easy come, easy go.	Leicht erworbene Dinge verliert man leicht.
Chillo che faje t'o truove.	Il bene che fai te lo ritroverai.	Do good and it will come back to you.	Was du Gutes tust, das findest du wieder.
Chillo che nun se fa nun se sape.	Solo quello che non si fa non si sa.	Only that which is not done will not be made known to others. (Everything that is done will eventually be made known.)	Nur was nicht getan wurde, erfährt man nicht. (Alles, was man tut, wird irgendwann bekannt)
Chillo che se mette ncuorpo nisciuno o vede, chello che se mette ncuollo ognuno o vede.	Quello che si mette in corpo nessuno lo vede, quello che si mette addosso lo vedono tutti.	No one sees what you put inside your body, but everyone sees what you put on yourself. (Advice to someone with money to spend his money on things that are not visible to others.)	Was man in den Körper gibt, sieht niemand, was man auf den Körper gibt, sehen alle.
Chillo che se mpara a giovane nun se scorda a viecchio.	Le cose imparate da giovani non si dimenticano da vecchi.	That which is learned as a child is not forgotten in old age.	Was man jung lernt, vergisst man auch im Alter nicht.
Chillo che siente nun crerere niente.	Non credere a ciò che senti dire.	Don't believe anything that you hear.	Glaube nichts von dem, was du hörst.
Chillo che te dice lo specchiale, nun te lo dice sorete carnale.	Ciò che ti dice lo specchio, non te lo dice nemmeno tua sorella.	The mirror will tell you things that even your sister will not tell you. (The mirror does not lie.)	Was dir der Spiegel verrät, sagt dir selbst deine Schwester nicht.

Chillo è comme l'onna: addò va 'o mare la se jetta.	Quello è come l'onda: dove va il mare la si getta.	That person is like a wave: he goes wherever the sea throws him. (Describing one with no firm character.)	Er ist wie eine Welle - wo ihn das Meer hinträgt, da lässt er sich fallen. (Ein Mensch ohne festen Charakter)
Chillo è n'ommo e niente.	Quello è un uomo di niente.	He is a worthless man.	Er ist ein Mensch ohne Wert.
Chillo è nu pallone e viento.	Quello è un pallone di vento.	He is a hot air balloon. (Describing one full of empty talk.)	Er ist ein aufgeblasener Ballon.
Chillo fa 'o gallo ncopp'a munezza.	Fa il gallo sulla spazzatura.	He is like a rooster on top of a pile of rubbish. (He thinks he is king of the hill, but he really is standing on a pile of garbage.)	Er spielt den Gockel auf dem Müllhaufen.
Chillo fa 'o pecuraro e 'o lupo.	Quello fa il pecoraro e il lupo.	He is being the shepherd and the wolf. (He is at the same time protecting people and stealing from those he protects.)	Er ist Schäfer und Wolf zugleich.
Chillo nun è nu santo ca fa e miracule.	Quello non è un santo che fa miracoli.	He is not a saint that performs miracles.	Er ist kein Heiliger, der Wunder wirkt.
Chillo pazzea cu 'o ffuoco.	Quello scherza con il fuoco.	He plays with fire.	Er spielt mit dem Feuer.
Chillo ligno è tagliato d''a stessa ceppa.	Quel legno è tagliato dallo stesso ceppo.	That wood is cut from the same stump. (Like father, like son.)	Das ist Holz aus demselben Stamm. (Aus demselben Holz geschnitzt)
Chillo sta gia cu nu pede int'a fossa.	Quello sta già con un piede dentro la fossa.	He has one foot already in the grave.	Er steht mit einem Bein im Grabe.
Chill'uocchie ca fanno chiagnere hanno a chiagnere.	Gli occhi che fanno piangere gli altri prima o poi dovranno piangere.	The eyes that make others cry sooner or later themselves cry.	Die Augen, die andere zum Weinen bringen, müssen früher oder später selber weinen.
Chi magna sulo s'affoga.	Chi mangia solo s'affoga.	He who eats alone chokes. (Greed devours and harms.)	Wer allein isst, erstickt. (Gier schadet)
Chi male accumienza male fernesce.	Chi comincia male finisce male.	He who begins poorly, ends poorly.	Wer schlecht beginnt, endet schlecht.

Chi male se guvierna doppo se ne pente.	Chi amministra male le proprie cose poi se ne pentirà.	He who handles business poorly, regrets it later.	Wer die eigene Habe schlecht verwaltet, wird es bereuen.
Chi male va pe' mare mala arriva.	Chi male va per il mare male arriva.	He who navigates poorly will arrive badly.	Wer schlecht zur See fährt, kommt schlecht an.

Chi magna a Natale e pava a Pasca, fa nu buono Natale e na mala Pasca.

Chi mangia a Natale e paga a Pasqua, fa un buon Natale e una cattiva Pasqua.

He who eats at Christmas and pays for it at Easter, has a wonderful Christmas and a miserable Easter.

Wer an Weihnachten isst und an Ostern bezahlt, feiert schöne Weihnachten und schlechte Ostern.

Chi magna fa mulliche.	Chi mangia fa molliche.	He who eats produces crumbs.	Wer isst, hinterlässt Krumen. (Wo gehobelt wird, fallen Späne)
Chi mette speranza a la pignata d'autro, se non ha magnato, manco magna.	Chi confida nella pentola di un altro, se non ha mangiato, non mangerà.	If you are hungry and expect to eat from another's pot, you will stay hungry.	Wer sich auf den Topf eines anderen verlässt, wenn er noch nichts gegessen hat, wird auch nicht essen.
Chi me vô bene appriesso me vene.	Chi mi ama mi segua.	He who loves me, follows me.	Wer mich liebt, der folgt mir.
Chi mpasta assaije fa 'o pane buono.	Chi impasta molto ottiene un buon pane.	He who kneads well ends up with good bread.	Wer gut knetet, backt gutes Brot.
Chi na cosa nun sa ffà, nun a sape cummanà.	Chi non sa fare, non sa neanche comandare.	He who knows not how to do something, knows not how to command.	Wer nicht weiß, wie man etwas macht, kann es auch den anderen nicht befehlen.
Chi nasce bella nun nasce puveriella.	Chi nasce bella non nasce poverella.	She who is born beautiful is not born poor.	Wer schön auf die Welt kommt, kommt nicht arm auf die Welt.
Chi nasce ciuccio, ciuccio se ne more.	Chi nasce asino, asino muore.	He who is born an ass, dies an ass.	Wer als Esel geboren wird, stirbt als Esel.

Chi nasce da prencepe nun ha da fa cose e verrillo.	Chi è nato da principe non deve fare cose da maiale.	He who is born a prince should not act as a pig.	Wer als Prinz auf die Welt kommt, sollte sich nicht wie ein Schwein benehmen.
Chi nasce quadro nun pô' murì tunno.	Chi nasce quadro non può muore tondo.	He who is born square, cannot die round.	Wer eckig auf die Welt kommt, kann nicht rund sterben.
Chi nun conta denare, nun se sporca e mmane.	Chi non conta denari, non si sporca le mani.	He who does not count money, does not soil his hands.	Wer kein Geld zählt, macht sich die Hände nicht schmutzig.
Chi nun pô' vattere 'o ciuccio, vatte 'a sella.	Chi non può battere il ciuccio, batte la sella.	He who cannot beat the donkey, beats the saddle. (If you cannot punish someone, you can still harm his property.)	Wer den Esel nicht schlagen kann, schlägt den Sattel. (Wenn du jemanden nicht bestrafen kannst, kannst du sein Eigentum beschädigen)
Chi nun prova nun crede.	Chi non prova, non crede.	He who does not try it, will not believe it.	Wer etwas nicht versucht, der glaubt es nicht.
Chi nun rispetta nun pô' essere rispettato.	Chi non rispetta, non può essere rispettato.	He who does not respect, is not respected.	Wer nicht respektiert, kann nicht respektiert werden.

Chi nun s'abballa nun ascesse mmiezo.

Chi non sa ballare non si mettesse in mezzo.

He who cannot dance, will not be in the mix.

Wer nicht tanzen kann, sollte sich nicht dazwischenstellen.

Chi nun sape chiagnere nun sape manche rirere.	Chi non sa piangere non sa neanche ridere.	He who knows not how to cry, knows not how to laugh.	Wer nicht weinen kann, kann auch nicht lachen.
Chi nun semmena nun raccoglie.	Chi non semina non raccoglie.	He who sows not, reaps not.	Wer nicht sät, erntet nicht.
Chi nun tene denare ave sempe tuorto.	Chi non ha denaro ha sempre torto.	He who has no money is always wrong.	Wer kein Geld hat, hat immer Unrecht.
Chi nun tene diebbete e ricco.	Chi non ha debiti è ricco.	He who has no debts is rich.	Wer keine Schulden hat, ist reich.

Chi nun tene niente nun 'ave che perdere.	Chi non ha nulla non ha che perdere.	He who has nothing has nothing to lose.	Wer nichts besitzt, hat auch nichts zu verlieren.
Chi nun tene pietà, pietà nun truova.	Chi non ha pietà degli altri, pietà non trova.	He who has no mercy will find no mercy.	Wer kein Erbarmen mit anderen hat, findet auch selbst kein Erbarmen.
Chi ogge chiagne dimane rire.	Chi oggi piange domani riderà.	He who cries today will laugh tomorrow.	Wer heute weint, wird morgen lachen.
Chi parla e denare, parla d'appicceche.	Parlar di denaro e parlar di liti.	He who speaks of money, speaks of quarrels.	Wer von Geld spricht, spricht von Streit.
Chi parla male d'o prossemo parla male d'isso stesso.	Chi parla male del prossimo parla male di se stesso.	He who speaks ill of another speaks ill of himself.	Wer schlecht über seinen Nächsten spricht, spricht schlecht über sich selbst.
Chi passa currenno nun se n'addona.	Chi corre non si accorge di ciò che gli accade intorno.	He who runs about is not aware of what is happening around him. (Describing frantic living.)	Wer rennt, merkt nichts von dem, was um ihn herum passiert.

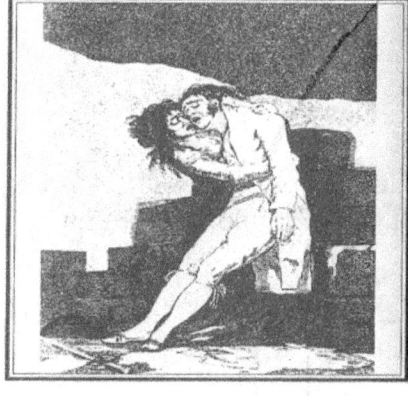

Chi patesce p'ammore nun sente dulore.

Chi soffre per amore non sente dolore.

He who suffers from love feels no other pain.

Wer aus Liebe leidet, spürt keinen Schmerz.

Chi penza troppo, more mbressa.	Chi rimugina troppo si rovina la salute.	He who ruminates to excess, destroys his health.	Wer zu sehr über den Dingen brütet, ruiniert sich die Gesundheit.
Chi primma nun penza, aroppa suspira.	Chi non riflette prima, sospira dopo.	He who fails to first reflect, later regrets.	Wer nicht zuerst nachdenkt, seufzt später.
Chi s'aiza matina s'abbusca o carlino.	Chi si alza di mattina si guadagna il carlino.	He who wakes up early will earn his penny.	Wer morgens aufsteht, verdient sich sein Geld.
Chi s'appicceca senza raggione fa pace senza suddisfazione.	Chi si bisticcia senza alcuna ragione farà pace senza convinzione.	He who quarrels for no reason makes peace that lacks conviction.	Wer ohne Grund streitet, wird ohne Überzeugung Frieden schließen.

Chi scava a fossa nce cade isso pe' primmo dinto.	Chi prepara un trabocchetto per gli altri ci cade per primo.	He who sets a trap for others will fall into it himself.	Wer andern eine Grube gräbt, fällt selbst hinein.
Chi scava trova e chi dorme se sonna.	Chi scava trova e chi dorme sogna.	He who digs will find, and he who sleeps will dream.	Wer gräbt, findet, und wer schläft, träumt.
Chi semmena spine nun ha ddà ghì scauzo.	Chi semina spine non deve andare scalzo.	He who plants thorns should not walk about barefoot.	Wer Dornen sät, sollte nicht barfuß gehen.

Chi semmena viento, raccoglie tempeste.

Chi semina vento, raccoglie tempesta.

He who sows wind, reaps a storm.

Wer Wind sät, erntet Sturm.

Chi se piglia s'assumiglia.	Coloro che si prendono si assomigliano.	Birds of a feather flock together.	Gleich und gleich gesellt sich gern.
Chi sparte 'ave sempe 'a meglia parte.	Chi fa le divisioni prende per se sempre la parte migliore.	He who does the dividing always takes the best cut for himself.	Wer teilt, nimmt sich immer den besten Teil.
Chi sta dinto a lo grasso ngrassa.	Colui che vive nella ricchezza finisce col diventare sempre più ricco.	He who lives with riches will increase his wealth.	Wer im Reichtum lebt, wird am Ende immer reicher.
Chi sta sulo sta quieto; chi sta accumpagnato sta scuieto.	Chi vive solo vive tranquillo; chi sta in compagnia non è mai tranquillo.	He who lives alone lives in peace; he who is surrounded by others never lives in peace.	Wer allein lebt, lebt in Frieden; wer in Gesellschaft lebt, hat nie Ruhe. (Lieber allein und im Frieden als zu zweit und im Streit)
Chi sta vicino 'o sole nun sente friddo.	Chi è amico di gente ricca e potente gode della loro protezione.	He who is friends with the rich and powerful will enjoy their protection.	Wer Freund reicher und mächtiger Leute ist, genießt deren Schutz.

Chi tace accunzente.	Chi tace acconsente.	He who remains silent, consents. (You must verbalize your objections.)	Wer schweigt, stimmt zu.
Chi tene 'a cuscienza netta pô' ghì a fronte scuperta.	Chi non ha fatto niente di male può andare a fronte alta, non ha nulla da temere.	He who has done nothing wrong, can walk about with his head held high.	Wer nichts Böses getan hat, kann erhobenen Hauptes gehen, er hat nichts zu fürchten.
Chi tene a libertà è ricco e nun 'o sape.	Chi ha la libertà è ricco e non sa quanto sia ricco.	He who is free has no idea how rich he is.	Wer frei ist, ist reich und weiß es nicht einmal.

Chi tene arte, tene parte.

Chi ha un mestiere possiede qualcosa.

He who knows a trade has something of value.

Wer einen Beruf hat, besitzt schon etwas.

Chi tene 'a salute è ricco e nun 'o sape.	Chi sta in buona salute non sa quale ricchezza abbia.	He who is in good health has no idea how rich he is.	Wer gesund ist, weiß gar nicht, wie reich er ist.
Chi tene bella mugliera sempe canta.	Chi ha una bella moglie è sempre felice.	He who has a good wife is always happy.	Wer eine schöne Ehefrau hat, singt immer.
Chi tene cchiù povere, spara.	Chi ha più polvere spara.	He who has the most gunpowder shoots. (The person with the most knowledge or ability should be the one to act.)	Wer am meisten Pulver hat, schießt. (Wer am meisten weiß, sollte handeln)
Chi te ne fa una, te ne fa ciento.	Chi è capace di commettere una cattiva azione, te ne farà cento.	He who will harm you once, will harm you 100 times.	Wer fähig ist, dir ein Mal Übles zu tun, wird dir hundert Mal Übles tun.
Chi tene nemmice nun dorma.	Chi ha dei nemici non dorma.	He who has enemies never sleeps.	Wer Feinde hat, soll nicht schlafen.
Chi tene terra tene guerra.	Chi possiede terreni spesso tiene guerra.	He who owns land is often at war.	Wer Land besitzt, hat oft Krieg.

Chi tene tiempo nun aspiette tiempo.

Chi ha tempo non aspetti tempo.

He who has time does not wait.

Wer Zeit hat, soll keine Zeit verlieren.

Chi tene vocca, tene spata.	Chi ha bocca tiene spada.	He who has a mouth, has a sword.	Wer einen Mund hat, besitzt ein Schwert.
Chi te vuo bene e core 'a mano te proije.	Chi ti vuole veramente la mano ti porge.	He who truly likes you will offer you his hand.	Wer dich von Herzen mag, reicht dir die Hand.
Chi troppo se cunziglia se perde.	Chi si consiglia con troppe persone non prende mai una decisione.	He who consults with too many persons never makes a decision.	Wer sich mit zu vielen Leuten berät, kommt nie zu einer Entscheidung.
Chi troppo se fida resta ngannato.	Chi si fida troppo viene ingannato.	He who trusts too much will be fooled.	Wer zu sehr vertraut, wird betrogen.
Chi troppo parla troppo falla.	Chi parla troppo sbaglia molto.	He who speaks too much, makes many mistakes.	Wer zu viel redet, irrt zu viel.
Chi troppo vô saglì subbeto cade.	Chi vuol salire troppo subito cade.	He who seeks to rise too high, will quickly fall.	Wer zu hoch hinaus will, fällt sogleich.
Chi va mmano all'avvucato se magna nfine all'urdemo ducato.	Chi va in mano all'avvocato spende fino all'ultimo ducato.	He who hires a lawyer will spend his last dollar.	Wer dem Rechtsanwalt in die Hände gerät, gibt sein letztes Geld aus.
Chi va a messa ogne matina impietto ha da tenè na spina.	Chi va tutte le mattine a messa, in petto deve avere una spina.	He who goes to church every morning must have a thorn in his chest.	Wer jeden Morgen zur Messe geht, muss einen Dorn in der Brust tragen.
Chi va appriesso a 'o cecato fernesce dint'o fuosso.	Chi segue il cieco finisce dentro il fosso.	He who follows the blind will end up in the ditch.	Wer dem Blinden folgt, landet im Graben.
Chi va pe mare cheste pesce ha ddà piglià.	Chi va per mare questi pesce deve pigliare.	He who sets out to sea will catch fish in the place he ends up.	Wer auf diesem Meer fährt, muss diese Fische fangen.

Chi vô bene priesto ritorna.	Chi ama qualcuno presto ritorna.	He who loves someone will quickly come back.	Wer liebt, kehrt bald zurück.
Chi vô male a chesta casa, ha da murì primma ca trase.	Chi vuol male a questa casa deve morire prima di entrare.	He who wishes ill on this house will die before he enters this house.	Wer diesem Haus Übles will, soll sterben, bevor er eintritt.
Chi vô male pe' l'autre a se nun jova, e chi fa bene sempe bene trova.	Chi desidera il male altrui non giova a se stesso, e chi fa del bene troverà sempre chi lo ricambierà.	He who wishes ill upon others does nothing good for himself, and he who does good to others will find someone who will return the good.	Wer den anderen Übles will, tut sich selbst keinen Gefallen, und wer Gutes tut, dem wird es immer vergolten.
Comme faje, t'e fatto.	Ciò che fai ti e' reso.	What you do will be done to you.	Was du tust, wird dir vergolten.
Comm'è l'arbero, accusì mena 'a fronna.	Come è l'albero, cosi getta le foglie.	Leaves fall consistent with the tree they fall from.	Wie der Baum ist, so wirft er die Blätter ab.
Comme vaje accussì si trattato.	Secondo come ti vesti così sei trattato.	One is treated the way one carries oneself.	Wie du dich kleidest, so wirst du behandelt.
Core cuntento Dio l'aiuta.	Cuore contento Dio l'aiuta.	God helps the heart that is content.	Dem zufriedenen Herzen hilft Gott.
Core forte rompe cattiva sorte.	Il coraggio sconfigge la cattiva sorte.	Courage will move aside lesser men.	Der Mut besiegt das Schicksal.
Corse e ciuccio poco dura.	La corsa dell'asino, dura poco.	The donkey race does not last long.	Das Rennen des Esels währt nur kurz.
Cu 'a pacienza se va mparaviso.	Con la pazienza si va in paradiso.	Patience will take one to paradise.	Mit Geduld kommt man ins Paradies.
Cu 'a verità nun se pazzea.	Con la verità non si scherza.	One does not play around with the truth.	Mit der Wahrheit scherzt man nicht.
Cu 'e denare e ll'amicizia s'accatta a justizia.	Con i denari e l'amicizia si compre la giustizia.	Money and friends buy justice.	Mit Geld und Freunden kauft man Gerechtigkeit.
Cu lo ffierro e cu lo ffuoco s'adderizza lo lignammo stuorto.	Con il ferro e con il fuoco si raddrizza il legno storto.	With iron and fire the crooked wood is straightened.	Mit Eisen und Feuer biegt man das krumme Holz gerade.
Cunvegno e volpe, rammaggio e galline.	Convengo di volpi, disgrazia di galline.	When the foxes meet, the chickens are in trouble.	Treffen der Füchse, Unglück der Hühner.
Cuorpo sazio nun desidera maje.	Corpo sazio non desidera mai.	The satisfied person has no desires.	Ein satter Körper hat keine Wünsche.

Cuorve e cuorve nun se cecano l'uocchie.	Corvo e corvo non si cecano gli occhi.	Crows do not peck at each other's eyes. (People in the same racket do not harm each other.)	Ein Rabe hackt dem anderen kein Auge aus.

Cu 'o tiempo tutto s'appura.

Col tempo tutto si viene a sapere.

All is known in time.

Mit der Zeit erfährt man alles.

Cu 'o vicino se cucina.	Con il vicino si cucina.	One cooks with one's neighbor.	Man kocht zusammen mit dem Nachbarn.
Da amice e da pariente nun ce accattà e nun ce vennere niente.	Dagli amici e dai parenti non ci comprare e non ci vendere niente.	Never buy or sell with friends or relatives.	Kaufe nichts von Freunden und Verwandten und verkaufe ihnen auch nichts.
Da chisto lignammo se fanno 'e strummole.	Con questo legno si fanno le trottole.	This is the wood used to make the spinning tops. (You need to use these materials to make this product.)	Aus diesem Holz macht man Kreisel.
Da 'e piecure guarda ô lupo.	Affida le pecore al lupo.	He turns the sheep over to the care of the wolf.	Er vertraut dem Wolf die Schafe an.
Da l'azione se canosce l'ommo.	L'uomo si giudica dalle sue azioni.	Man is judged by his actions.	Man beurteilt den Menschen nach seinen Taten.
D'a matina se canosce 'o buono juorno.	Il buon giorno si vede dal mattino.	From the top of the morning one can determine if the day will be good.	Den guten Tag sieht man am Morgen.
D'a matina se canosce 'o malo juorno.	Dal mattino si vede il cattivo giorno.	From the top of the morning one can determine if the day will be bad.	Am Morgen erkennt man den schlechten Tag.

Da nu core e cuniglio nun può ghì pe' cunziglio.	Da un cuore di coniglio non puoi andare per un consiglio.	One cannot seek advice from a person with the heart of a rabbit.	Beim Hasenherz darfst du keinen Rat suchen.
Da nu malo pavatore scippe chella che può.	Da chi non ha voglia di pagare prendi quello che puoi.	Get what you can from he who has no desire to pay. (Better something than nothing.)	Von dem, der nicht zahlen will, nimm, soviel du kannst.
D'a robba mal'acquistata nisciuno se ne vere bene.	Delle cose acquisite con l'inganno nessuno se le gode.	Things acquired through trickery are not enjoyed.	Durch Betrug erworbenes Gut genießt niemand. (Unrecht Gut gedeiht nicht)
Darse 'a zappa ncopp'e piere.	Darsi la zappa sul piede.	Hit your foot with a hoe. (Harm yourself.)	Sich mit der Hacke auf den Fuß hauen. (Sich ins eigene Fleisch schneiden)
Da 'o frutto se canosce l'albero.	Dal frutto si conosce l'albero.	One knows the tree from its fruit.	An der Frucht erkennt man den Baum.

Date da ffà - 'a juornata è nu muorzo.

Datti da fare - la giornata è un boccone.

Take action - the day is but a morsel. (Carpe diem.)

Mach dich an die Arbeit – der Tag ist nur ein Happen. (Carpe diem)

De lo malo acquistato, se ne stoija ognuno, tu me ntienne.	Del male acquistato non si gode neanche la terza parte.	People don't really appreciate things that are illegally acquired, and you know what I mean.	Von unrecht Erworbenem genießt man nicht einmal ein Drittel.
Denare e amicizie currompeno 'a giustizia.	Denaro e amicizie corrompono la giustizia.	Money and friendship can corrupt the course of justice.	Geld und Freundschaft korrumpieren die Gerechtigkeit.
Denare de juoco comme veneno accusì se ne vanno.	Il denaro vinto al gioco va via con la stessa facilità con cui si è acquistato.	Gambling earnings will be spent as easily as they came.	Beim Spiel gewonnenes Geld zerrinnt so schnell, wie es gekommen ist. (Wie gewonnen, so zerronnen)
Designo de pover'ommo maje nun riesce.	I progetti di chi non ha fortuna non riescono mai.	The plans of the unlucky will never come to fruition.	Die Pläne des Pechvogels gelingen nie.

Dice 'o zelluso: non jucammo a luvà 'a coppola.	Dice il calvo, non giochiamo a toglierci il cappello.	The bald man says: "let's not play the game of stealing each other's hats."	Sagt der Kahle: Spielen wir nicht, uns gegenseitig den Hut wegzunehmen.
Dicere pane ô pane e vino ô vino.	Parlare apertamente, senza usar mezzi termini.	Call the bread bread and call the wine wine. (Call a thing by its proper name.)	Brot zum Brot und Wein zum Wein sagen. (Die Dinge bei ihrem Namen nennen)
Dicette a vecchia: nun se ponno arrubbà 'a carne ncopp'o ffuoco, ma t'a fanno abbrucià.	Disse la vecchia: non ti possono rubare la carne dal fuoco, ma te l'hanno fatta bruciare.	The old lady says: they could not steal your meat, but they let it burn. (They took a small step to hurt you.)	Sagte die Alte: Sie können dir zwar nicht das Fleisch vom Feuer stehlen, aber sie haben es anbrennen lassen.
Dicette 'on Camillo: tutte 'a vonna e nisciuno s'a piglia.	Disse don Camillo: tutti la vogliono e nessuno la piglia.	The priest Don Camillo says: everyone wants to date her but no one wants to marry her. (She is alluring but not good marrying potential.)	Sagte Don Camillo: Alle wollen sie, und niemand nimmt sie. (Sie ist keine Frau zum Heiraten)
Dicette 'o ciuccio a 'o cavallo: cumpagno, t'aspetto a sta sagliuta.	Disse l'asino al cavallo: compagno, t'aspetto alla salita.	The donkey says to the horse: my friend, let's see who does better uphill.	Sagt der Esel zum Pferd: Mein Freund, wir sehen uns an der Steigung.
Dicette 'o ciuccio ô patrone: chisto e 'o passo e puortame addò vô.	Disse l'asino al padrone: questo è il mio passo e portami dove vuoi.	The donkey says to the master: this is my pace, now take me wherever you want.	Sagt der Esel zu seinem Herrn: Das ist meine Gangart, und jetzt bring mich, wohin du willst.
Diebbete e peccate ognuno n'avvimo.	Tutti abbiamo qualche debito e qualche peccato.	We all have some debts and some sins.	Wir alle haben Schulden und Sünden.
È acqua ca nun leva sete.	È acqua che non leva sete.	This is water that does not quench your thirst. (Something that doesn't quite serve the purpose.)	Das ist Wasser, das den Durst nicht löscht. (Etwas, das seinen Zweck nicht erfüllt)
È asciuto 'o sole a mezzanotte.	È uscito il sole a mezzanotte.	The sun came out at midnight. (Describing a stunning event.)	Die Sonne ist um Mitternacht aufgegangen. (Ein ungewöhnliches Ereignis)
'E buone nun diceno male e nisciuno.	I buoni non parlano male di nessuno.	Good people speak no evil of others.	Die Guten reden über niemanden schlecht.

'E buone parole acconciano 'i male fatti.	Le buone parole possono risolvere le situazioni più brutte.	A few good words can resolve a bad situation.	Gute Worte können die schlimmsten Situationen klären.
È caduto lo vruoccolo dint'a o lardo.	È caduto il broccolo nel lardo.	The broccoli fell in the lard. (Describing something that went unbelievably well.)	Der Brokkoli ist in den Speck gefallen. (Etwas, das ungewöhnlich gut verläuft)
'E ccarte sò pezza e fanno chiagnere ll'uommene senza mazze.	Le carte da gioco sono leggere ma fanno piangere gli uomini senza le bastonate.	Playing cards are light but they can make a man cry without the strike of a club.	Spielkarten wiegen nicht viel, aber sie bringen Männer ohne Schläge zum Weinen.
È cchiù 'a spesa ca 'a mpresa.	È più la spesa che l'impresa.	The cost is more than the benefit.	Die Ausgaben sind höher als der Gewinn.
'E cchiù doce d''a vita è 'o durmì.	Il più dolce della vita è il dormire.	Sleep is the sweetest part of life.	Das Schönste im Leben ist Schlafen.
'E chiacchiere nun jencheno 'a panza.	Le chiacchiere non riempono la pancia.	Petty talk does not fill the stomach.	Geschwätz füllt keinen Magen.

'E chiacchiere s'e piglia 'o viento, 'e maccarune jencheno 'a panza.

Le chiacchiere se le piglia il vento, i maccheroni riempono la pancia.

Petty talk is swept away by the wind, whereas maccaroni will fill your stomach. (A real result comes from effort, not from talking.)

Das Geschwätz verfliegt mit dem Wind, die Makkaroni füllen den Magen.

'E chiacchiere sò femmene e 'i fatte mascule.	Le chiacchiere sono femmine, i fatti maschi.	Petty talk is female, and action is male.	Schwätzen ist Frauensache, Handeln ist Männersache.
'E comm'a maruzza: tutto chillo ca tene se porta ncuollo.	E come la lumaca: tutto quello che ha se lo porta dietro.	He is like a snail: he carries all of his possessions with him.	Er ist wie eine Schnecke: er trägt alles, was er hat, bei sich.
'E criate songo nemiche pavate.	Le persone di servizio sono nemici pagati.	Service personnel are paid enemies. (Workers never truly like the boss.)	Bedienstete sind bezahlte Feinde.

'E ciuccie s'appiccecano e 'e varrile se scassano.	Gli asini litigano, i barrili si rompono.	When the donkeys fight, the barrels will break. (Describing a natural consequence.)	Die Esel streiten, und die Fässer gehen zu Bruch.
'E cose fatte e notte sò vriogne e juorno.	Le cose fatte di notte, sono vergogne di giorno.	Things done at night turn out to be a source of shame the next day.	Dinge, die man bei Nacht tut, sind bei Tag eine Schande.
'E cose luonghe addeventano sierpe.	Le cose che si tirano troppo per le lunghe finiscono male.	Things that are carried on too long will not turn out well.	Dinge, die sich zu lange hinziehen, enden schlecht.
'E cose pruibite sò 'e cchiù sapurite.	Le cose proibite sono le più saporite.	Forbidden things are the tastiest.	Verbotenes schmeckt besonders süß.
'E denare acconciano tutt'e guaije.	Il denaro sistema tutti i guai.	Money fixes all problems.	Mit Geld kann man alle Probleme lösen.
'E denare fanno venì 'a vista ê cecate.	Il denaro fanno tornare la vista ai cecchi.	Money returns sight to the blind.	Geld lässt die Blinden sehend werden.
'E denare nun fanno felicità, quanno sò poche ...	Il denaro non da la felicità, quando e poco ...	Money does not bring happiness ... if you don't have enough of it.	Geld macht nicht glücklich, wenn es wenig ist ...
'E denare vanno cu l'ati denare.	Il denaro va con l'altro denaro.	Money makes money.	Mit Geld kommt noch mehr Geld. (Geld macht Geld)
'E dulore nun se more.	Di dolore non si muore.	One does not die of pain.	Am Schmerz stirbt man nicht.
'E fatte d'a tiana ha da sapè 'a cucchiara.	I fatti della pentola li deve sapere il cucchiaio.	The pot's business should be known only by the ladle.	Die Angelegenheiten des Topfs sollte der Löffel kennen. (Wer uns nahe steht, kennt unsere Probleme)
'E femmene ne sanno na cchiù d'o diavulo.	Le donne ne sanno una più del diavolo.	Women know more tricks than the devil.	Die Frauen wissen immer mehr als der Teufel.
'E ffodere cumbattano e 'e sciabbule stanno appese.	I foderi combattono e le sciabole stanno appese.	The scabbard's are fighting and the swords are sitting on the wall. (The wrong people are taking action.)	Die Scheiden kämpfen, und die Säbel hängen an der Wand.
'E figlie spusate sò pariente luntane.	I figli sposati sono parenti lontani.	Married children are distant relatives.	Verheiratete Kinder sind entfernte Verwandte.

È fruscio e scopa nuova.	È fruscio di scopa nuova.	It is the noise of a new broom. (Describing one not quite ready to do good work.)	Das ist das Rascheln eines neuen Besens.
È ghiut'a Roma e nun ha visto 'o Papa.	È andato a Roma e non ha visto il Papa.	He went to Rome and did not see the Pope. (Failed to accomplish the main mission.)	Er ist nach Rom gefahren und hat den Papst nicht gesehen. (Er hat das Wichtigste nicht gemacht)

È inutile campana ca suone: chi nun è divoto nun vene.

È inutile che suoni la campana: chi non è devoto non viene.

It is no use ringing the bell: the ones who are not devoted are not coming to church.

Es nützt nichts, die Glocke zu läuten. Wer nicht gläubig ist, der kommt auch nicht.

È inutile chiurere 'a stalla quanno ne sò asciute li vuoije.	È inutile chiudere la stalla quando sono usciti i buoi.	It is no use to close the barn door after the oxen have fled.	Es nützt nichts, die Stalltür zu schließen, wenn die Ochsen schon draußen sind.
'E maccarune se magnano teniente.	I maccheroni vanno mangiati al dente.	Maccaroni must be eaten freshly cooked. (Do the obvious thing at the obvious time.)	Makkaroni isst man al dente. (Das Naheliegende tun)
'E malatie veneno a cavallo e se ne vanno a pere.	Le malattie vengono a cavallo e se ne vanno a piedi.	Illness comes in a rush and leaves slowly.	Die Krankheiten kommen zu Pferd und gehen zu Fuß.
'E malo tiempo e mare 'o cefaro va caro.	Col mal tempo di mare il cefalo diventa caro.	When the seas are rough the fish become expensive.	Bei rauer See wird die Meeräsche teuer.
È meglia 'a mmirià ca 'a pietà.	Meglio destare invidia che commiserazione.	It is better to be hated than laughed at.	Besser Neid als Mitleid wecken.
E meglio 'a tenè a mala spina ca nu malo vicino.	È meglio tenere una cattiva spina che un cattivo vicino.	It's better to have a thorn in your skin than to have a bad neighbor.	Besser ein böser Dorn als ein böser Nachbarn.

37

È meglio dolore de sacca ca dolore de core.	Meglio un guaio finanziario che un dolore di cuore.	Better to suffer from a bad business transaction than a bad love affair.	Lieber Geldschwierigkeiten als Herzleid.
È meglio n'aggiusto sicco ca na grossa sentenza.	Meglio un piccolo aiuto pratico che tante parole inutile.	It is better to get actual help than engage in useless talk.	Lieber eine kleine praktische Hilfe als viele unnütze Worte.
È meglio na brutta matina ca na mala vicina.	Meglio una brutta giornata che una cattiva vicina.	It is better to have a bad day than a bad neighbor.	Lieber ein schlechter Tag als eine böse Nachbarin.
E meglio nu maccarone ca ciento vermicielle.	Meglio un maccherone che cento vermicelli.	One maccaroni is better than 100 vermicelli. (Better to have one substantial thing than 100 petty things.)	Lieber eine Makkaroni als hundert Vermicelli. (Lieber eine wesentliche Sache als viele unbedeutende)

È meglio pane e cepolla n casa toja ca gallina e fasano n casa d'autro.

Meglio mangiar pane e cipolla in casa propria che gallina e fagiano in casa altrui.

Better to eat bread and onions in your own house, than chicken and pheasant in the home of another.

Lieber Brot und Zwiebeln im eigenen Haus als Huhn und Fasan im Hause anderer.

È meglio parlà a letere majuscole.	Meglio parlare a lettere maiuscole.	Better to speak with capital letters. (Speak very clearly.)	Lieber in Großbuchstaben reden. (Klartext reden)
È meglio poco ca niente.	Meglio poco che niente.	Better something than nothing.	Lieber wenig als nichts.
È meglio poco e spesso ca assaije e na vota sola.	Meglio guadagnare poco e spesso che molto una sola volta.	Better to earn small sums frequently than one large, lump sum.	Lieber wenig und oft verdienen als viel und nur ein Mal.
È meglio zuppicà ca nun cammena.	Meglio zoppicare che non camminare.	Better to limp than to not walk at all.	Lieber hinken als gar nicht laufen.

E notte nun parlà fora, e i ghiuorno guardate attuorno.	Di notte non parlare all'aperto, e di giorno sii diffidente.	Don't speak at night, and be careful when you speak in the daytime. (Watch out for those who may be listening to you.)	Rede nicht bei Nacht im Freien und sei bei Tag misstrauisch.
È nu furno ca maje se stuta.	È un forno che non si spegne mai.	This is an oven that is never turned off. (Describing one who just keeps talking.)	Er ist ein Ofen, der nie ausgeht. (Jemand, der immer redet)
'E panne spuorche se lavano nfamiglia.	I panni sporchi si lavano in famiglia.	Wash your dirty laundry at home.	Schmutzige Wäsche wäscht man in der Familie.
'E pariente sò comm'e scarpe, cchiù so' estritte e cchiù te fanno male.	I parenti sono come le scarpe: più sono stretti, più ti fanno male.	Relatives are like shoes: the closer and tighter they are, the worse they hurt.	Verwandte sind wie Schuhe - je enger sie sind, desto mehr schmerzen sie.
E peggie juorne sò chelli d''a vicchiaia.	I giorni peggiori sono quelli della vecchiaia.	The worst days are those of old age.	Die schlimmsten Tage sind die Tage des Alters.
E ricche comme vonno; e pezziente comme ponno.	I ricchi fanno tutto come vogliono; i poveri come possono.	The rich do what they want, the poor do what they can.	Die Reichen machen, was sie wollen, die Armen, was sie können.
Fa 'a visita d'o miedeco.	Fa la visita del medico.	Pay a quick visit like a doctor making a call.	Einen Besuch wie ein Arzt machen. (Einen kurzen Besuch abstatten)
Faccia tosta campaje e faccia moscia murette.	Faccia tosta visse e faccia timida morì.	The shameless person lived and the shy person died. (Boldness will help one survive.)	Der Unverschämte lebte und der Schüchterne starb.
Fa chillo che haje a ffà e succeda chillo che ha da succedere.	Fai ciò che devi fare e succeda quel che deve succedere.	Do what you ought to do and let come what may.	Mache, was du machen sollst, und dann komme, was kommen muss.
Facimmo mbressa, ca 'o gallo canta matina.	Facciamo presto che il gallo canta mattina.	Be quick, because the rooster will soon sing. (Used by those who need to take quick action before they are caught.)	Machen wir schnell, denn der Hahn kräht zum Morgengrauen.
Fa comm'o funaro, ca mmece e ghi nnanze jeve arreto.	Fare come il funaro che invece di andare avanti andava indietro.	Be like a rope braider - walk backwards instead of forward. (Describing doing something backwards.)	Er macht es wie der Seiler – anstatt vorwärts geht er rückwärts.

Fa 'e cunte senza 'o tavernaro.	Fare i conti senza l'oste.	Add up the bill without the input of the host. (To make a plan without consulting the proper people.)	Die Rechnung ohne den Wirt machen.
Fa 'o passo cchiù luongo d'a gamma soja.	Fa il passo più lungo della sua gamba.	Take a step longer than the reach of your leg. (Want to accomplish something beyond your powers.)	Sein Schritt ist länger als sein Bein. (Das geht über seine Möglichkeiten)
Faje 'a fatica d''o cane stesso ô sole.	Fai la fatica del cane stesso al sole.	Work like a dog sleeping under the sun. (Hardly working.)	Er arbeitet wie ein Hund, der in der Sonne liegt.
Fa na botta doje fucetole.	Con un colpo, prendere due uccelli.	Catch two birds with one blow.	Zwei Vögel mit einem Schlag fangen (Zwei Fliegen mit einer Klappe)
Fa na cosa e juorno.	Fare una cosa di giorno.	To accomplish a task within the same day. (To be quick.)	Eine Sache bei Tage machen. (Schnell machen)
Fa nzalata mmescata.	Fare un'insalata mista.	Make a mixed salad. (Lump things together.)	Einen gemischten Salat machen. (In einen Topf werfen)
Fa 'o callo a na cosa.	Far l'abitudine a qualcosa.	To grow a callous toward something. (Slowly get used to a problem.)	Von etwas Schwielen bekommen. (Sich an etwas gewöhnen)
Fa 'o fesso pe nun ghì a guerra.	Fare il fesso per non andare alla guerra.	Act stupid so as to avoid going to war.	Sich dumm stellen, um nicht in den Krieg ziehen zu müssen.
Fa 'o fesso pe nun pavà 'o dazio.	Fare il fesso per non pagare il dazio.	Act stupid to avoid paying taxes.	Sich dumm stellen, um den Zoll nicht zahlen zu müssen.
Farse purtà p'e viche.	Farsi portare per i vicoli.	Allow someone to take you for a ride in the alleys. (Let yourself be cheated.)	Sich durch die Gassen führen lassen. (Sich betrügen lassen)

Fatica a terra quanno 'o tiempo è asciutto.

I lavori dei campi si devono fare quando il terreno e asciutto.

Work the land when the ground is dry. (Do something at the proper time.)

Die Feldarbeit muss man machen, wenn der Boden trocken ist. (Dinge zur rechten Zeit tun)

Fatte 'a bona nummenata e va arrubbano chiese.	Fatti una buona fama e vai rubando per le chiese.	Acquire great fame and you can steal from the churches.	Lege dir einen guten Ruf zu und gehe in den Kirchen stehlen.
Fatte accattà a chi nun te canosce.	Fatti comprare da chi non ti conosce.	Sell yourself to those who do not know you. (You can fool strangers.)	Lass dich von jemandem kaufen, der dich nicht kennt. (Fremde kann man betrügen)
Fatte l'ammice ntiempo e pace ca te servono ntiempo e guerra.	Fatti le amicizie in tempo di pace che ti possono servire in tempo di guerra.	Make friends in times of peace because it can come in handy during times of war.	Schließe Freundschaften in Friedenszeiten, denn sie können dir in Kriegszeiten nützen.
Fa vedè a luna int'o puzzo.	Far vedere la luna nel pozzo.	Show someone the moon in the well. (Cheat someone.)	Jemandem den Mond in einem Brunnen zeigen. (Jemanden betrügen)
Fa vedè 'e surece russe.	Far vedere i sorci rossi.	Fight with great effort (and cause the enemy so much consternation that he sees red rats.)	Jemanden rote Mäuse sehen lassen. (Dem Feind einheizen)
Femmene e denare so' 'e cose cchiù care.	Le donne e il denaro sono le cose più care.	Women and money are dearest.	Frauen und Geld sind die teuersten Dinge.
Femmene e tele nun l'accatta maje e sera.	Le donne e tele non comprarlo mai di sera.	Women and paintings should never be acquired in the dark.	Frauen und Gemälde kauft man nicht am Abend.
Femmene ncannaccate, marite nguaiate.	Donne ingioiellate, mariti rovinati.	When the woman is bedecked in fine jewelry, the husband is ruined.	Mit Schmuck behängte Frauen, ruinierte Männer.
Fevraro, curto e amaro.	Febbraio corto e amaro.	February is short and bitter.	Der Februar ist kurz und bitter.

Fidarse e buono, nun fidarse e meglio.	Fidarsi è bene, non fidarsi è meglio.	To trust is good, to not trust is better.	Vertrauen ist gut, Misstrauen ist besser.
Fidete d''o signore mpuverito, ma nun te fida d''o pezzente sagliuto.	Puoi fidarti di un signore decaduto, ma non di un pezzente arricchito.	You can trust a gentleman who has lost his estate, but you cannot trust a villain who has become rich.	Du kannst einem verarmten großen Herren vertrauen, aber keinem reich gewordenen Armen.
Figliastre e nepute: quanno nce faje è tutto perduto.	Figliastri e nipoti: quello che gli fai e tutto perduto.	Step-sons and nephews: all that you do for them is wasted investment.	Stiefkinder, Nichten und Neffen - was du ihnen Gutes tust, ist alles umsonst.
Figli piccerille guaije piccerille; figli gruosse guaije gruosse.	Figli piccoli guai piccoli; figli grossi guai grossi.	Small children, small problems; big children, big problems.	Kleine Kinder, kleine Sorgen; große Kinder, große Sorgen.
Figlio muto 'a mamma 'o ntene.	Figlio muto la mamma lo intende.	Only the mother understands the mute child.	Die Mutter versteht auch den stummen Sohn.
Fra duje liticante sempe nu terzo gode.	Fra due che litigano, un terzo godrà.	When two are fighting, a third person will profit.	Wenn zwei sich streiten, freut sich der Dritte.
Frate e sore quanto cchiù se ne diceno e male, tanto cchiù bene se vonne.	Fratelli e sorelle, quanto più si parlano male, tanto più si vogliono bene.	With brothers and sisters, the more they talk ill of each other, the more they love each other.	Geschwister – je schlechter sie voneinander reden, desto mehr mögen sie sich.
Friddo e famma sbacantano 'e lupare.	I lupi escono dalle loro tane per il freddo e per la fame.	Wolves leave their lair when they are cold and hungry.	Hunger und Kälte treiben die Wölfe aus ihrem Bau.
Frijere cu l'acqua.	Friggere con l'acqua.	Fry with water. (Bland action.)	Mit Wasser braten.
Frijere 'o baccalà e penza ô pesce.	Friggere il baccalà e pensare al pesce.	Fry the cheap cod and think of the expensive fish. (Dream of something bigger.)	Stockfisch braten und von Fisch träumen. (Von besseren Dingen träumen)
Gente allera Dio l'aiuta.	Gente allegra il cielo l'aiuta.	Heaven helps those who are happy.	Dem Fröhlichen hilft der Himmel.
Ghì a ffà 'o battesimo senza 'a criatura.	Andare a fare il battesimo senza la creatura.	Go to a baptism without the child. (Forget the main ingredient or item.)	Ohne das Kind zur Taufe gehen. (Den wichtigsten Teil vergessen)

Ghì truvanne guaije cu 'a lanternella.	Andar cercando guai con la lanterna.	Go seeking problems with a lantern. (Work extra hard to find problems.)	Die Probleme mit der Laterne suchen.
Guaije e maccarune se magnano caure.	Guai e maccaroni si mangiano caldi.	Problems and maccaroni must be eatcn hot. (Take immediate action.)	Probleme und Makkaroni isst man heiß.
Guarda e nun nciampà nnanz'a porta d'a casa toja.	Guarda di non inciapare dinanzi alla porta di casa tua.	Don't fall down on your own doorstep. (Don't fail in your area of expertise.)	Pass auf, damit du nicht vor deiner Haustür stolperst. (Versage nicht in deinem Fachgebiet)
Guarda primma a chi te dice e po' a chillo ca te dice.	Guarda prima a chi te lo dice e poi a quello che ti viene detto.	First consider the source of a statement; and then consider the statement itself.	Schaue zuerst, wer dir etwas sagt, und dann höre auf das, was er dir sagt.
Guardate a chi parla e guarda nterra.	Guardati da chi parla e guarda in terra.	Watch to see who is speaking to you, and keep your eyes lowered to the ground. (Pay attention to he who is speaking.)	Hüte dich vor dem, der beim Sprechen zu Boden schaut.
Guardate d''a primma furia.	Guardati dal primo impeto di una arrabbiatura.	Beware of your initial reaction to a situation that makes you mad.	Hüte dich vor dem ersten Impuls in der Wut.
Ha fravecato ncopp'arena.	Ha costruito sulla spiaggia.	He built on the sand. (Describing an unstable foundation or reliance on someone who is untrustworthy.)	Er hat auf Sand gebaut.

Haje sbagliato 'o palazzo.

Hai sbagliato palazzo.

You came to the wrong building. (You are directing your frustration to the wrong place.)

Du bist im falschen Gebäude. (Seine Wut an der falschen Person abreagieren)

Haje truvato 'a forma d'a scarpa toja.	Hai trovato la forma della scarpa tua.	You have found the right size mold for your shoe. (To find the right person to confront.)	Du hast den Leisten für deinen Schuh gefunden. (Die richtige Person finden, mit der man sich messen kann)
Ha perzo Filippo e 'o panaro.	Ha perso Filippo e il panaro.	You lost Filippo and the basket. (To lose something and everything with it.)	Er hat Filippo und den Korb verloren. (Alles verloren)
Ha pigliato nu terno.	E contentissimo, come se avesse vinto un terno al lotto.	To be as happy as if one had correctly guessed all three winning numbers of the lottery.	Er freut sich so, als ob er im Lotto gewonnen hätte.
Ha truvato 'o pane p''e diente soje.	Ha trovato pane per i suoi denti.	He found bread for his teeth. (To find the right person to confront.)	Er hat Brot für seine Zähne gefunden. (Die richtige Person finden, mit der man sich messen kann)
'I capace hanno murì pe' mane d''e fesse.	I capaci perriscono per mano degli stupidi.	Capable persons are brought down at the hands of fools.	Die Fähigen sterben durch die Hand der Dummen.
'I fesse fanno 'a festa e 'e deritte se spassano.	Gli stupidi pagano e gli intelligenti se la spassano a spese loro.	Stupid people organize the party and smart people enjoy the party. (Clever people enjoy the benefits.)	Die Dummen bezahlen das Fest, und die Intelligenten feiern auf deren Kosten.
'I figlie so' piezz'e core.	I figli sono pezzi di cuore.	Children are pieces of your heart.	Die Kinder sind Teile unseres Herzens.
I magno 'e mele acevere e a te s'alliano 'e diente.	Io mangio le mele acerbe e a te saltano i denti.	I eat the hard apples and it is your teeth that fall off. (Suffer the effects of what others do.)	Ich esse die unreifen Äpfel, und dir fallen die Zähne aus. (Unter den Folgen der Taten anderer leiden)
'I meglie cunsiglie so' chille ca nun se pavano.	I migliori consigli sono quelli che non si pagano.	The best advice costs nothing.	Die besten Ratschläge sind diejenigen, für die man nicht bezahlt.
Int'a chiesa larga truove sempe 'a seggia.	Nella chiesa larga trovi sempre la sedia.	One always can find a seat in a large church. (A large employer will always have job openings.)	In einer großen Kirche findest du immer einen Platz.

Int'a terra de cecate chi tene n'uocchio è figlio e Dio.	Nella terra dei ciechi chi ha un solo occhio è figlio di Dio.	In the land of the blind, he who has one eye is the son of God.	Im Land der Blinden ist der Einäugige Gottes Sohn. (Unter Blinden ist der Einäugige König)
Int'a vocca chiusa nun traseno mosche.	Nella bocca chiusa non entrano mosche.	Flies enter not into the closed mouth.	In den geschlossenen Mund kommen keine Fliegen.

I nun sò fesso; e si faccio 'o fesso è pe' nun essere fatto fesso.

Io non sono fesso; e se faccio il fesso e per non essere fatto fesso.

I am not stupid; and if I act stupid it is only because I don't want to be regarded as stupid.

Ich bin nicht dumm; wenn ich mich dumm stelle, so deshalb, um am Schluss nicht dumm dazustehen.

Irsene cu na mano nnanze e n'ato arreto.	Andarsene con una mano davanti ed una indietro.	Leave with one hand covering the front and the other covering the rear. (Leave in disgrace.)	Mit einer Hand vorn und einer Hand hinten davongehen. (In Schande abgehen)
Jettate nnanze, pe' nun cadè.	Buttati avanti, per non cadere.	Lean forward, in order to not fall backward. (Attack in order to avoid being defeated. Toss out partial information to induce more information.)	Spring nach vorn, um nicht zu fallen. (Angreifen, um die Niederlage zu vermeiden oder Teilinformationen geben, um mehr Informationen zu erhalten)
L'abbeto nun fa 'o monaco e 'a chiereca nun fa 'o prevete.	L'abito non fa il monaco e la chierica non fa il prete.	The robe does not make the monk and the shaved dome does not make the priest. (A title or a degree alone does not make one a professional.)	Die Kutte macht noch keinen Mönch und die Tonsur noch keinen Priester.
L'accasione è scala p''a forca.	L'occasione è scala per la forca.	Bad opportunities are the ladder that leads one up to the noose.	Die Gelegenheit ist die Leiter zum Galgen.
L'accasione fa l'ommo mariuolo.	L'occasione fa l'uomo ladro.	Bad opportunities turn a man into a thief.	Gelegenheit macht Diebe.

45

L'acqua arruvina 'e ponte e 'o vino 'a capa.	L'acqua corrode i pilone dei ponti: il vino distrugge il cervello dell'uomo.	Water can corrode the pillars of the bridge; wine can destroy a man's brain.	Das Wasser zerstört Brücken - und der Wein das Gehirn der Menschen.
L'acqua corre addó penne.	L'acqua corre dove c'è pendenza.	Water flows downhill.	Das Wasser fließt immer bergab.
L'acqua chete arruina 'i ponte.	Le acque calme distruggono i ponti.	Calm waters can destroy bridges.	Ruhige Wasser zerstören Brücken.
L'acqua è poca e 'a papera nun galleggia.	L'acqua è poca e la papera non galleggia.	There is little water and the duck does not float. (Referring to insufficient funds to accomplish something.)	Das Wasser steht niedrig, und die Ente schwimmt nicht. (Es fehlen die erforderlichen Gelder)
L'acqua nfraceta e bastiemiente a mare.	L'acqua infradicia le barche a mare.	Water will rot the wood of a boat at sea.	Das Wasser lässt die Schiffe im Meer verfaulen.
L'addimannà nun e peccato.	Chiedere non è peccato.	It is not a sin to ask.	Fragen ist keine Sünde.
La lengua muta è male servuta.	Chi non parla è mal servito.	He who does not speak is badly served. (You must state your desires.)	Wer nichts sagt, wird schlecht bedient.
La fortuna è femmena puntegliosa.	La fortuna e una donna capricciosa.	Luck is a capricious woman.	Das Glück ist eine launische Frau.
La mala cumpagnia porta l'ommo â forca.	La cattiva compagnia porta gli uomini alla forca.	Bad company leads one to the noose.	Schlechte Gesellschaft bringt die Menschen an den Galgen.
L'amice nun songo maje supierchie.	Gli amici non sono mai abbastanza.	One never has enough friends.	Freunde hat man nie genug.
L'amico e comm'o mbrello: quanno chiove nun t'o truove maje.	L'amico è come l'ombrello: in caso di bisogno non lo trovi mai.	A friend is like an umbrella: when you need him you can never find him.	Ein Freund ist wie ein Regenschirm - wenn du ihn brauchst, findest du ihn nicht.
L'amico vero nun dicette ma facette.	Il vero amico non promette, fa.	The true friend does not promise, he acts.	Der wahre Freund verspricht nicht, sondern handelt.

L'ammore è comme 'o ffuoco, guaije a chi ce pazzea.

L'amore è come il fuoco, guai a scherzarci.

Love is like fire; don't play with it.

Die Liebe ist wie das Feuer, wehe, du spielst damit.

L'ammore è na muntagna: ride chi saglie e chi scenne se lagna.	L'amore è come una montagna: ride chi sale e si lamenta chi scende.	Love is like a mountain; those who are climbing up laugh, while those who are sliding down cry.	Die Liebe ist wie ein Berg - wer bergan steigt, lacht, und wer bergab geht, jammert.
L'ammore è nu piccerillo ca nun sape cuntà.	L'amore è come un bimbo che non sa fare i conti.	Love is like a child who cannot count.	Die Liebe ist wie ein Kind, das nicht zählen kann.
L'ammore fa passà 'o tiempo, e 'o tiempo fa passà l'ammore.	L'amore fa passare il tempo, e il tempo fa passare l'amore.	Love makes the time pass quickly, and time makes love pass quickly.	Die Liebe vertreibt die Zeit, und die Zeit vertreibt die Liebe.
L'ammore nun s'accatta e nun se venne.	L'amore non si puo comprare e non si puo vendere.	Love cannot be bought or sold.	Liebe kann man nicht kaufen und nicht verkaufen.

L'ammore nun va truvanno ricchezza.

L'amore non chiede ricchezza.

Love seeks not riches.

Liebe sucht keinen Reichtum.

L'anne fanno mettere 'o giudizio.	Gli anni fanno mettere giudizio.	Age makes one wise.	Alter macht weise.
La nvidia è nu viento che scioscia cu tanta forza ca fa cadè 'e pontelle.	L'invidia è un vento che casca con tanta forza che fa cadere i ponteggi.	Envy is a wind that blows so strongly that it can knock down a pillar.	Neid ist ein Wind, der so stark bläst, dass die Gerüste umstürzen.

La pena de n'ommo tristo assaije tricare potè ma nun manca maje.	Il castigo per l'uomo cattivo puo tardare, ma non manca mai.	Punishment for an evil man may come late, but it will come.	Die Strafe für den schlechten Menschen lässt vielleicht auf sich warten, aber sie bleibt nie ganz aus.
L'apparenza nganna.	L'apparenza inganna.	Appearances deceive.	Der Schein trügt.
L'appetito vene magnano.	L'appetito viene mangiando.	Appetite grows as one eats.	Der Appetit kommt beim Essen.
L'arbero s'adderezza quanno è piccerillo.	L'albero si raddrizza quando è piccolo.	One straightens the tree when it is small.	Den Baum biegt man zurecht, solange er noch klein ist.
L'arbero nun se chieja quanno s'è ntustato.	L'albero non si piega quando si è irrobustito.	The tree cannot be bent once it is grown.	Der Baum beugt sich nicht mehr, wenn er stark geworden ist.
L'arefice canosce l'oro.	L'orefice conosce l'oro.	The goldsmith knows gold. (The expert knows his trade.)	Der Goldschmied kennt das Gold. (Der Fachmann versteht sein Geschäft)
L'arme portano 'a pace.	Le armi portano la pace.	Weapons make peace.	Waffen bringen Frieden.
L'arraggia nun da buono cunziglio.	La rabbia è cattiva consigliera.	Anger provides bad guidance.	Wut ist ein schlechter Ratgeber.
Lassa stà 'o munno comme se trova.	Lascia stare il mondo come si trova.	Leave the world the way you found it.	Lass die Welt so, wie sie ist.
Lassa ffà, ca po' vene uno e pava tutto.	Lascia fare, che poi viene uno e paga tutto.	Don't worry, someone will come along and pay for everything.	Lass nur sein, irgendwann kommt jemand und bezahlt alles.
L'auciello ammaliziato nun da retta a cevetta.	L'uccello smaliziato non da retta alla civetta.	The wise bird will not listen to the bad bird.	Der schlaue Vogel hört nicht auf die Lockeule.
L'auciello ngaiola nun canta p'ammore.	L'uccello in gabbia non canta per amore.	The bird in the cage is not singing because he is in love.	Der Vogel im Käfig singt nicht aus Liebe.
La verità fu sempe mamma e ll'odio.	La verità fu sempre mamma dell'odio.	Truth has always been the mother of hatred.	Die Wahrheit war schon immer die Mutter des Hasses.
Lega l'aseno addó vô lo patrone.	Lega l'asino dove vuole il padrone.	Tie the donkey where the master tells you to.	Binde den Esel da fest, wo sein Herr es will.

Le manca sempe 'o sorde p'apparà na lira.	Le manca sempre il soldo per fare la lira.	He is always short a cent to make a dollar. (Someone who always lacks enough money to pay for something.)	Es fehlt immer eine Münze, um auf eine Lire zu kommen. (Jemand, der nie genug Geld hat)
Lettere, prieghe e chiante, spertoseno nu core d''e diamante.	Lettere, preghiere e pianti fanno impietosire un cuore duro come il diamante.	Letters, prayers, and crying can soften a heart as hard as a diamond.	Briefe, Gebete und Tränen erweichen ein Herz, so hart wie Diamant.
Lignammo stuorto pure se brucia è stuorto.	Il legno storto anche se brucia resta storto.	If a piece of wood is crooked, it will burn, but it will always be a crooked piece of wood. (The bad man may serve a purpose, but he is still a bad man.)	Das krumme Holz bleibt krumm, auch wenn es brennt. (Ein schlechter Mensch mag einem Zweck dienen, aber er bleibt trotzdem ein schlechter Mensch)
L'ommo cuntento gode.	L'uomo che si contenta, gode.	The man who is satisfied will find enjoyment.	Wer sich begnügt, hat mehr davon. (Wer sich bescheidet, ist reich)
L'ommo ha ddà arapì 'a porta cu 'e piere.	L'uomo deve aprire la porta con i piedi.	The man must open the door with his feet. (A man must come with his hands so full of gifts that only his feet are available to open the door.)	Der Mann muss die Tür mit den Füßen aufmachen. (Er muss so viele Geschenke tragen, dass er keine Hand frei hat)
L'ommo ha ddà essere comm'o presutto: ne tutto magro, ne tutto grasso.	L'uomo dovrebbe essere come il prosciutto: ne tutto magro ne tutto grasso.	Man should be like a ham - not too lean and not too fat.	Der Mann sollte wie Schinken sein: nicht zu mager und nicht zu fett.
L'ommo nun se misura 'a parme.	L'uomo non si valuta dall'altezza.	Man is not valued by his height.	Einen Mann beurteilt man nicht nach seiner Größe.
L'ommo prupone e Dio dispone.	L'uomo propone e Dio dispone.	Man proposes but God decides.	Der Mensch schlägt vor und Gott entscheidet. (Der Mensch denkt und Gott lenkt)
Le vanno 'e scarpe astritte.	Le vanno le scarpe strette.	His shoes are too tight. (Describing a person who is whining too much.)	Ihr sind die Schuhe zu eng. (Jemand, der nur jammert)

Libera gioventu', povera vecchiaia.	Gioventu' troppo libertina, vecchiaia povera.	Wasteful youth, poor in old age.	Ausschweifende Jugend, armes Alter.
Lietto e galera fanno l'ommo peggio che era.	Il letto e la galera rendono l'uomo peggio di quel che era.	The bed and the prison make a man worse off than he was before. (Too much sleep or time in prison make one worse off.)	Das Bett und das Gefängnis machen den Menschen schlechter, als er war.
L'obberienza è na mercanzia secura ca face guadagno senza paura.	L'obbedienza è merce sicura che ti fa guadagnare senza pericolo.	Obedience is a guaranteed way to earn without danger. (The servant always has a guaranteed job.)	Gehorsam ist sicheres Gut, das dir ohne Risiko Verdienst bringt. (Der Diener hat eine sichere Arbeit)
Lo fare bene nun se perde maje.	A fare del bene non ci si rimette mai.	You will never waste your time if you do good.	Wer Gutes tut, verliert nie.

L'ommo campa all'ommo e 'o cielo campa a tutte.

L'uomo aiuta l'uomo e il cielo aiuta tutti.

Man helps man and heaven helps everyone.

Der Mensch hilft dem Menschen, und der Himmel hilft allen.

Lo sopierchio rompe 'a pegnata e lo copierchio.	Il troppo rompe la pentola e il coperchio.	Excess will break the pot and blow off its top.	Der Überfluss macht Topf und Deckel kaputt.
Lo tiempo è patre d''e cunziglie.	Il tempo e il padre dei consigli.	Time is the father of advice. (Take your time and you will find good advice.)	Zeit ist der Vater der Ratschläge. (Kommt Zeit, kommt Rat)
Lo troppo scommerzà fa l'ommo tristo e chieno e malizia.	Il troppo commerciare fa l'uomo cattivo e pieno di malizia.	Too much trading makes a man evil and full of malice.	Wer zu viel Handel treibt, wird böse und hinterlistig.
L'ozio è 'o pate e tutt'e vizie.	L'ozio è il padre dei vizi.	Laziness is the father of all vices.	Müßiggang ist der Vater aller Laster.

Luna allerta, marenaro cuccato.	Luna sveglia, marinaio a dormire.	If the moon is out, the sailor can go to sleep. (No fish are caught when the moon is full.)	Wacher Mond, schlafender Seemann. (Bei Vollmond fängt man keine Fische)

Luntano dall'uocchie, luntano d''o core.

Lontano dagli occhi, lontano dal cuore.

When the lover is distant from the eyes, the lover is distant from the heart.

Den Augen fern, dem Herzen fern. (Aus den Augen, aus dem Sinn)

L'uocchie pure vonno 'a parta loro.	L'occhio vuole la sua parte.	The eyes want their part. (People want to see beauty.)	Das Auge will seinen Teil.
L'uocchie d''o patrone ngrassa 'o cavallo.	L'occhio del padrone ingrassa il cavallo.	The eye of the master will make the horse fat. (The owner sees his property in the best light.)	Das Auge des Herrn macht das Pferd fett. (Der Besitzer sieht seinen Besitz immer im besten Licht)
L'uosso viecchio cundisce 'o pignato.	L'osso vecchio condisce la pentola.	The old bone flavors the stew.	Der alte Knochen würzt den Topf.
Luvarse 'a preta dint'a scarpa.	Togliersi la pietra da una scarpa.	Remove the pebble from the shoe. (Remove an irritation.)	Den Stein aus dem Schuh nehmen. (Ein Ärgernis beseitigen)
Maestrale e sera, serocco e matina.	Maestrale di sera, scirocco di mattina.	Northwest winds in the evening will lead to southern winds in the morning.	Maestrale am Abend, Schirokko am Morgen.
Maggio asciutto, grano pe' tutte.	Maggio asciutto, grano per tutti.	A dry May means grain for everyone.	Trockener Mai, Weizen für alle.
Magnà pane e fantasia.	Mangiar pane e fantasia.	To eat bread and fantasy. (The poor man will find something to go with his bread.)	Brot und Phantasie essen. (Zu arm, um Wurst oder Käse zu kaufen)
Male a chi cade e va truvanno aiuto.	Poveretto chi cade e cerca aiuto.	Unfortunate is the person who falls down and then asks for help.	Arm, wer fällt und um Hilfe bittet.

Male e bene a fine vene.

Male e bene vengono a fine.

Good and bad will both come to an end.

Schlechtes und Gutes kommen am Schluss.

Malo tiempo e buono tiempo nun durano tanto tiempo.	Sia le cose brutte che le belle non durano tanto tempo.	Nice things and bad things will not last forever.	Sowohl die guten wie die schlechten Dinge währen nie lange.
Mamma e giuventu' s'apprezzano quanno nun se teneno cchiù.	La mamma e la gioventu' si apprezzano quando non si hanno più.	Mothers and youth are appreciated when you no longer have them.	Die Mutter und die Jugend weiß man erst zu schätzen, wenn man sie nicht mehr hat.
Mantenimmece pulite, jeva ricenno 'o puorco cu 'a capa int'o truogolo.	Manteniamoci puliti, diceva il porco con la testa immersa dentro il pastone.	Let's stay clean, said the pig with his head stuck in the trough. (Describing a hypocrite.)	Bleiben wir schön sauber, sagte das Schwein mit dem Kopf tief im Schweinefutter.
Mantiene 'o carro p''a scesa.	Mantieni il carro per la discesa.	Keep the cart on the downslope. (Keep things on the easy side.)	Bewahre den Karren für die Fahrt bergab.
Marito e vuoije d''o paese tujo.	Marito e buoi dei paesi tuoi.	Get your husband and your ox from a local source. (Important items should be procured locally.)	Ehemann und Ochsen aus deinem Dorf.
Mmatremonie e vescuvate d''o cielo so' destinate.	Matrimoni e le nomine a vescovo sono decise dal cielo.	Marriages and appointments to bishophood are decided by heaven.	Ehen und die Ernennungen zum Bischof werden im Himmel beschlossen.
Mazzeca nprimmo e po' gliutte.	Mastica bene e poi inghiotti.	Chew well and then swallow.	Kaue gut und schlucke dann runter.
Mmazze e ppanielle fanno 'e figlie belle; ppanielle senza mmazze fanno 'e figlie pazze.	Bastoni e pagnotte rendono i figli belli; pagnotte senza bastoni rendono i figli pazzi.	Caning and bread make for good children; bread without caning makes for wild children.	Stock und Brot macht die Kinder schön; Brot ohne Stock macht die Kinder närrisch.

Meglio arrossì na vota, che appicciarse ciento vote.	Meglio arrosire una volta, anzicchè doversi continuare a litigare.	Better to blush once than to fight one hundred times. (Better to apologize than to fight on and on.)	Lieber ein Mal erröten als hundert Mal streiten.
Meglio auciello e campagna ca d''e gaijola.	Meglio essere uccello di campagna che di gabbia.	Better to be a bird in the field than one in the cage.	Lieber ein Vogel auf dem Feld als im Käfig sein.
Meglio avè a che ffà cu nu male pavatore ca cu chi nun capisce.	Meglio avere a che fare con un cattivo pagatore che con uno che non capisce.	Better to have to deal with an unreliable debtor than to deal with one who does not understand.	Lieber mit einem schlechten Zahler zu tun haben als mit einem, der nichts versteht.
Meglio de lu poco gudè che de l'assaije trivolare.	Meglio goder poco che soffrire molto.	Better to enjoy a little than to suffer a lot.	Besser wenig Spaß als viel Leid.
Meglio è avè nvidia ca pietà.	Meglio destare invidia che pietà.	Better to be envied than to be pitied.	Besser Neid als Mitleid erwecken.

Meglio è na puveriella e vertulosa ca na ricca e viziosa.

Meglio una donna povera e virtuosa che ricca e viziosa.

Better a poor and virtuous woman than a rich and corrupt one.

Lieber eine arme und tugendhafte Frau als eine reiche und lasterhafte.

Meglio è ogge l'uovo, che craije 'a gallina.	Meglio l'uovo oggi che la gallina domani.	Better an egg today than a chicken tomorrow.	Lieber das Ei heute als das Huhn morgen.
Meglio essere digno e nvidia ca e cumpassione.	Meglio esser degno d'invidia che di compassione.	Better to be envied than to receive compassion.	Besser, man verdient Neid als Mitleid.
Meglio è sudà ca tossà.	Meglio sudare che tossire.	Better to sweat than to cough. (When ill, sweating is a good sign, while coughing may be a bad sign.)	Lieber schwitzen als husten. (Bei Kranken ist Schwitzen ein gutes Zeichen, Husten dagegen kann ein schlechtes Zeichen sein)

Meglio lo pazzo â casa soja ca lo savio â casa d'autro.	Meglio un pazzo a casa sua anzicchè un saggio in casa d'altri.	Better a crazy person in his own house than a wise man in someone else's house.	Lieber ein Verrückter in seinem Haus als ein Weiser im Haus der anderen.
Meglio lu male pruvato ca lu buono a pruvà.	Meglio il male già passato che il bene da provare.	Better bad that has passed than good that will come.	Besser das bereits vergangene Schlechte als das noch zu kostende Gute.
Meglio murì sazio ca campà diuno.	Meglio morire sazio che viver digiuno.	Better to die with a full stomach than to live starving.	Lieber satt sterben als hungrig leben.
Meglio na buona morte ca na mala vita.	Meglio una buona morte che una cattiva vita.	Better a good death than a bad life.	Lieber ein guter Tod als ein schlechtes Leben.
Meglio na festa ca tante festicciolle.	Meglio una grande festa che tante piccole festicciole.	Better one grand party than many little parties.	Lieber ein großes Fest als viele kleine Feste.
Meglio na vota arrussì ca ciento mpallidì.	Meglio arrossire una volta che impallidire cento volte.	Better to blush once than to turn white one hundred times. (Better to apologize or be embarrassed once than to be stunned many times.)	Lieber ein Mal erröten als hundert Mal erbleichen. (Es ist besser, sich ein Mal zu entschuldigen oder in Verlegenheit zu geraten, als viele Male die Fassung zu verlieren)
Meglio n'onza e fortuna ca nu chilo e sapienza.	Meglio avere un'oncia di fortuna che un chilo di sapienza.	Better to have an ounce of luck than a pound of wisdom.	Lieber eine Unze Glück als ein Kilo Weisheit.
Meglio nu ciuccio vivo ca nu duttore muorto.	Meglio un asino vivo che un dottore morto.	Better a living donkey than a dead doctor.	Besser ein lebender Esel als ein toter Doktor.

Meglio pparole poche e fatte assaije.

Meglio poche parole e molti fatti.

Better few words and many deeds.

Lieber wenige Worte und viele Taten.

Meglio so' 'e fave ca durano ca 'e confiette ca ferniscono.	Meglio le fave che durano dei confetti che finiscono.	Better to have beans that last than candy that runs out.	Lieber Puffbohnen, die vorhalten, als Bonbons, die ausgehen.
Meglio strujere scarpe ca lenzola.	Meglio consumare scarpe che lenzuola.	Better to wear out your shoes than your bed sheets. (Better to be active than to lie around in bed.)	Lieber die Schuhe als die Bettlaken abnutzen.
Meglio sulo ca male accumpagnato.	Meglio solo che mal accompagnato.	Better alone than in bad company.	Lieber allein als in schlechter Begleitung.
Meglio tarde che maje.	Meglio tardi che mai.	Better late than never.	Lieber spät als gar nicht.
Mela vermenosa ne nfracita nu muntone.	Una mela fradicia fa infradiciare tutto il mucchio.	One rotten apple will spoil the whole barrel.	Ein fauliger Apfel verdirbt den ganzen Haufen.
Mena 'a pretella e nasconne 'a manella.	Gettare la pietra e nascondere la mano.	Throw a little stone and hide the hand that threw it. (Stir up trouble but avoid recognition.)	Den Stein werfen und die Hand verbergen. (Ärger heraufbeschwören und dabei unerkannt bleiben)
Mena pane a chi jetta pprete.	Dare pane a chi getta pietre.	Give bread to he who throws rocks. (Be nice to a bad person.)	Demjenigen, der Steine wirft, Brot geben. (Zu einem schlechten Menschen gut sein)
Menesta scarfata nun fuje maje buona.	La minestra riscaldata non fu' mai buona.	Reheated soup was never good.	Aufgewärmte Suppe war noch nie gut.
Mentre 'a bella se pretenne, 'a brutta s'ammarita.	Mentre la bella fa la difficile, la brutta si marita.	While the pretty girl spends her time acting precious, the ugly girl gets married.	Während die Schöne sich ziert, heiratet die Hässliche.

Mentre 'o miedeco studia, 'o malato se ne more.	Mentre il medico studia, il malato se ne muore.	While the doctor is examining the patient, the patient dies. (Describes fiddling around and then finding it is too late to act.)	Während der Arzt den Fall untersucht, stirbt der Kranke. (Die Entscheidung herauszögern, bis es zu spät ist)
Me pare l'aseno mmiezo ê suone.	Mi sembra l'asino in mezzo ai suoni.	He seems like a donkey surrounded by a cacophony. (Describes one who is utterly confused.)	Er scheint mir wie ein Esel mitten im Lärm. (Jemand, der völlig verwirrt ist)
Me pare nu prevete spugliato.	Mi pare un prete spogliato.	He seems like a priest who left the priesthood.	Er scheint mir wie ein Priester, der sein Priestergewand abgelegt hat.
Me pare nu sorece nfuso int'a ll'uoglio.	Mi sembra un topolino bagnato nell'olio.	He seems like a mouse that fell in the oil jug. (Utterly helpless.)	Er scheint mir wie eine ins Öl gefallene Maus. (Völlig hilflos)
Me pare 'o gallo mmiez'e galline.	Mi sembra il gallo in mezzo alle galline.	He seems like a rooster among chickens. (Describing a big shot or a playboy.)	Er scheint mir wie ein Hahn mitten unter den Hühnern. (Ein hohes Tier oder Playboy)
Me pare 'o patrone d"a massaria.	Mi sembra il padrone della masseria.	He seems like the master of the farm. (Someone who is showing off.)	Er scheint mir wie der Besitzer des Bauernhofs. (Jemand, der Eindruck schinden will)
Me parite proprio comme 'a cane e jatta.	Sembrate cane e gatto.	You two seem to me like a cat and a dog. (Describing a couple that is always fighting.)	Ihr seid wie Hund und Katze.
Mercante è chi perde e mercante chi guadagna.	Il commerciante a volte guadagna ed a volte perde.	A trader will sometimes earn and sometimes lose.	Manchmal verdient der Kaufmann und manchmal verliert er.
Me spoglio d"a sergente e me vesto d"a capurale.	Mi spoglio da sergente e mi vesto da caporale.	I take off my sergeant stripes and put on my corporal stripes. (To move down to a lower level to avoid duties.)	Ich ziehe die Unteroffiziersuniform aus und die Gefreitenuniform an. (Eine niedrigere Position wählen, um Pflichten aus dem Weg zu gehen)

Mettere 'a lengua a pizzo.	Badare a come si parla.	Watch what you say.	Darauf achten, wie man redet.
Mettere mmano 'o ffierro.	Prender la spada o la pistola.	Grab iron. (Grab a weapon.)	Das Eisen in die Hand nehmen. (Zur Waffe greifen)
Mettere 'o carro nnanze ê vuoije.	Mettere il carro davanti ai buoi.	Put the cart before the oxen. (Mix up the order of things.)	Den Karren vor die Ochsen spannen.
Mettere 'o niro ncopp'o janco.	Mettere nero su bianco.	Put black on white. (To make something clear.)	Schwarz auf Weiß festhalten.
Mettere 'o sale ncopp'a coda.	Mettere il sale sulla coda.	Put salt on one's tail.	Salz auf den Schwanz streuen.
Mettere panza e penziero.	Mettersi panza e pensiero.	Apply both stomach and mind. (Describing the act of richly anticipating something good.)	Bauch und Verstand benutzen.
Mettere troppa carne ô pignato.	Mettere troppa carne in pentola.	Put too much meat in the pot.	Zu viel Fleisch in den Topf geben.
Metterse appaura e l'ombra soja.	Mettersi paura della propria ombra.	Be afraid of one's own shadow.	Vor dem eigenen Schatten erschrecken.
Metterse 'e casa e puteca.	Mettersi casa e bottega.	Establish one's home and shop. (Set oneself up completely.)	Haus und Geschäft aufbauen.
Me vene a rompere l'ova mmano.	Mi viene a rompere le uova in mano.	He comes to break the eggs in my hand. (Describing a person who comes to harrass or annoy.)	Er kommt und zerbricht mir die Eier in der Hand. (Von jemandem gestört oder belästigt werden)
M'ha rutto ll'ove int'o panaro.	Mi ha rotto le uova nel paniere.	He broke the eggs in my basket. (He harrassed or annoyed me.)	Er hat mir die Eier im Korb zerbrochen.
Miette 'e denare ncann'o ciuccio e 'o chiammano don Ciuccio.	Metti i denari addosso a un asino e lo chiameranno don Asino.	Put money on a donkey and they will call him Mr. Donkey. (Dignify something or someone by adding money to it.)	Überhäufe einen Esel mit Geld und man wird ihn Herr Esel nennen.

Mira 'a curnacchia e spara 'a quaglia.	Mira alla cornacchia e spara alla quaglia.	He points at the ugly bird and shoots at the delicious quail. (Not make one's true intentions known.)	Ziele auf die Krähe und schieße auf die Wachtel. (Seine wahren Ziele nicht verraten)
Mmasciatore nun porta pene.	Ambasciator non porta pena.	An ambassador cannot be punished. (You don't punish the person who simply delivers a message.)	Der Bote geht straffrei aus.
Mmiezo ê burrasche se canosce 'o pilota.	In mezzo alle burrasche si conosce il pilota.	Only when there is a storm can you determine who is the good pilot.	Mitten im Sturm erkennt man den Piloten.
Mmiezo a nu vuosco nun trova na frasca?	In mezzo a un bosco non trovi una frasca?	You cannot find a branch in a forest? (Someone who is completely incapable of even the easiest task.)	Mitten im Wald findest du keinen Zweig?
Mo ca è muorto 'o ciuccio, nun simmo cchiù cumpare.	Ora che è morto l'asino, non siamo più amici.	Now that the donkey is dead, we are no longer close friends. (The thing that brought two persons together is gone and so too is the relationship.)	Jetzt, wo der Esel tot ist, sind wir keine Freunde mehr. (Entfällt der verbindende Punkt, endet die Freundschaft)
Morte desiderata nun vene maje.	Morte desiderata non viene mai.	Wishing death upon someone ensures that it will not come about.	Der herbeigewünschte Tod kommt nie.
Morte e lupo, salute e pecora.	La morte del lupo è la salvezza della pecora.	The death of the wolf is the salvation of the sheep.	Der Tod des Wolfs ist die Rettung für das Schaf.
Mparaviso nun se va ncarrozza.	In paradiso non si va in carrozza.	You will not go to heaven in a carriage. (You cannot take your possessions with you.)	Ins Paradies kommt man nicht mit der Kutsche. (Man kann seine Habe nicht mitnehmen)
Mpresta denare e fatte nemice.	Chi presta denaro si fa nemici.	Lend money and make enemies.	Wer Geld verleiht, schafft sich Feinde.
Mugliera e runzino piglialo d''o vicino.	La moglie e il ronzino prendile dal vicino.	Wives and horses, get them from local sources.	Die Ehefrau und den Gaul nimm dir vom Nachbarn.
Mugliera giovane e vino viecchio.	Moglie giovane e vino vecchio.	Get your wife young and your wine well-aged.	Junge Ehefrau und alter Wein.

Muntagno e muntagne nun se scontrano.	Solo le montagne non si incontrano.	Only mountains will never meet. (Even enemies can get together - only mountains are eternally separated.)	Nur Berge können sich nicht treffen.
Na bella zita, nchiazza se mmarita.	Bella ragazza si marita appena esce di casa.	The beautiful woman will find a husband as soon as she leaves the house.	Ein schönes Mädchen heiratet, kaum, dass sie das Haus verlässt.
Na botta ô chirchio, e n'ata ô tompagno.	Una botta al cerchio, ed una alla botte.	One blow on the ring of the barrel, and one blow on the barrel. (Describing words that have multiple effects.)	Ein Schlag auf den Reifen und einer auf das Fass. (Worte, die eine mehrfache Wirkung zeigen)

Na buona matinata fa 'a buona juornata.

Una buona mattinata fa una buona giornata.

A good morning makes for a good day.

Ein guter Morgen macht einen guten Tag.

Na buona pianta ha sempe buone ffrutte.	La buona pianta ha sempre buoni frutti.	The good plant always bears good fruit.	Die gute Pflanze trägt immer gute Früchte.

Na cosa è sapè dìcere e na cosa è sapè ffà.

Una cosa è saper raccontare e una cosa è saperla fare.

It is one thing to know how to describe and it is another thing to know how to do.

Eins ist es, etwas zu erzählen, ein anderes ist es, es machen zu können.

Na disgrazia chiamma a n'ata.	Una disgrazia chiama sempre un'altra.	One mishap leads to another.	Ein Unglück ruft immer ein weiteres. (Ein Unglück kommt selten allein)

Na mano lava l'ata, e tutte 'e ddoje lavano 'a faccia.	Una mano lava l'altra e tutte le due lavano la faccia.	One hand washes the other hand and both hands wash the face. (One person helps another and both then help someone above them.)	Eine Hand wäscht die anderen, und beide zusammen waschen das Gesicht.
N'amico fedele vale cchiù e nu tesoro.	Un vero amico vale più di un tesoro.	A true friend is worth more than a treasure.	Ein wahrer Freund ist mehr wert als ein Schatz.
N'ammo maje magnato int'o stesso piatto.	Non abbiamo mai mangiato nello stesso piatto.	We have never eaten from the same plate. (Said to push away someone who is getting too familiar.)	Wir haben nie aus demselben Teller gegessen. (Zu einer Person gesagt, die zu vertraulich wird)
Na noce int'ô sacco nun fa rummore.	Una noce sola non fa rumore in un sacco.	One walnut in a sack makes no sound. (A solitary person who complains will achieve no effect.)	Eine einzelne Nuss macht kein Geräusch im Sack. (Wer allein protestiert, findet kein Gehör)
Nce capimmo a sische, diceva 'o merulo â mugliera.	Ci capiamo a fischi, disse il merlo alla moglie.	We understand each other's whistle, said the blackbird to his wife. (Companions understand each other well.)	Wir verstehen unser Pfeifen, sagte der Amselmann zu seiner Frau. (Gefährten verstehen sich untereinander)
Nce ha fatto 'e scarpe, a chillo.	Gli ha fatto le scarpe a quello.	He made shoes for him. (He figured out the cut of another's jib and then tricked him.)	Er hat dem dort die Schuhe gemacht. (Er hat ihn betrogen)
Nce ponno cchiù ll'uocchie ca 'e schiuppettate.	Possono più gli occhi che le schioppettate.	Envy is stronger than gunshots.	Die Augen vermögen mehr als Flintenschüsse.
Nce vô pacienza a magnà 'e carcioffole.	Ci vuole pazienza a mangiare i carciofi.	One needs patience to eat artichokes. (Hard jobs take time.)	Man braucht Geduld zum Artischockenessen. (Schwierige Dinge brauchen ihre Zeit)
Ncopp'a na scorza e limone ognuno nce mette 'o pede.	Su una scorza di limone ognuno ci mette il piede.	Everyone treads on the lemon peel. (An unimportant thing or person gets trampled on by all.)	Auf eine Zitronenschale treten alle. (Auf unwichtigen Dingen oder Personen trampelt man herum)

Ncopp'o cuotto acqua vullente.

Sulla scottature acqua bollente.

Put boiling water on a burn. (When you have a problem, keep going in that direction to solve it.)

Heißes Wasser auf Verbrennungen. (Ein Problem löst man, indem man auf dem eingeschlagenen Weg weitergeht)

Ne carcere ne galere cacciano uommene dabbene.	Quelli che escono dalla galera non possono mai essere uomini dabbene.	Former prisoners can never become good men.	Wer aus dem Gefängnis kommt, kann nie ein anständiger Mensch sein.
Ne de vennerì ne de marte' nun se sposa e nun se parte.	Di venerdi e di martedì non ci si sposa ne si parte per un viaggio.	On Fridays and Tuesdays, never get married and never go on a trip.	Freitags und dienstags heiratet man nicht und beginnt auch keine Reise.
Nfradditanto ca lu grasso sgrassa, lu sicco se ne more.	Nel frattempo che il grasso dimagrisce, il secco muore.	While the fat man is fasting, the skinny man dies. (Describing no trickle-down benefit or leftovers for those who need them.)	Während der Dicke abnimmt, stirbt der Magere. (In schlechten Zeiten trifft es den Armen besonders hart)
Nisciuno te dice: lavate 'a faccia ca pare meglio e me.	Nessuno ti dice: lavati la faccia che così diventerai meglio di me.	No one will ever say to you: clean yourself up so you can look better than me.	Niemand sagt zu dir: Wasch dir das Gesicht, dann siehst du besser aus als ich.

Non ce sta cchiù gran pazzea ca perdere 'o tiempo: tiempo perduto nun s'acquista maje.

Non c'è maggior follia che perder tempo: il tempo perduto non si recupera mai.

There is no bigger folly than to waste time; time lost can never be regained.

Es gibt nichts Dümmeres, als Zeit zu verlieren - die verlorene Zeit bekommt man nie mehr zurück.

Nun ce sta chi è meglio misso ca te stesso.	Non c'è migliore ambasciatore di te stesso.	There is no better ambassador than yourself.	Der beste Botschafter ist man selbst.
Nun se sta nganno ca nun rescopre, ne tradimento ca nun vene a luce.	Non c'è inganno che non si scopre, ne tradimento che non venga alla luce.	There is no deception that will not be revealed, and no betrayal that will not come to light.	Es gibt keinen Betrug, der nicht entdeckt wird, noch Verrat, der nicht ans Licht kommt.
Nun ce sta pe' dulore di chi cu ll'arme proprie acciso more.	Non c'è peggior dolore che restare ucciso dalla propria arma.	There is no worse pain than to be killed by your own weapon.	Der schlimmste Schmerz ist es, durch die eigene Waffe zu sterben.
Nun ce sta spruoccolo accusì suttile ca nun pô servì p'annettà diente.	Anche il fuscello più sottile può servire come stuzzicadenti.	Even the thinnest twig can serve as a toothpick. (Even a minor person can serve a purpose.)	Auch der dünnste Zweig kann als Zahnstocher dienen.
Nun è cosa cchiù grogliosa ô munno che sentì li fatte l'ate.	Non c'è divertimento maggiore che ascoltare i fatti degli altri.	There is no greater entertainment than to listen to the business of others.	Nichts macht mehr Spaß, als die Angelegenheiten der anderen anzuhören.
Nun è tutt'oro chillo ca luce.	Non è tutto oro quello che luce.	Not all that shines is gold.	Nicht alles, was glänzt, ist Gold.
Nun ghì maje addó nun sii nvitato.	Non andare mai dove non sei invitato.	Do not go where you are not invited.	Wo du nicht eingeladen bist, da gehe auch nicht hin.

Nun s'adomma cavallo ca è nvecchiato.	Non si addomestica un cavallo che è invecchiato.	The old horse cannot be domesticated.	Man zähmt kein altes Pferd.
Nun scetà li cane ca durmono.	Non svegliare i cani che dormono.	Do not awaken sleeping dogs.	Schlafenden Hunde soll man nicht wecken.
Nisciuno è nato mparato.	Nessuno è nato imparato.	No one is born fully educated.	Niemand kommt auf die Welt und weiß schon alles. (Es ist noch kein Meister vom Himmel gefallen)

N'ora e cuntiento fa scurdà mill'anne e turmiento.

Un'ora di felicità fa dimenticare mille anni di tormenti.

One hour of happiness erases the memory of one thousand years of torment.

Eine Stunde voll Glück lässt tausend Jahre voll Leid vergessen.

Ntiempo e guerra ogni spito è spada.	In tempo di guerra, ogni spito è spada.	In time of war, every roasting spit becomes a sword.	In Kriegszeiten wird jeder Spieß zum Schwert.
Nun abballà maje ncopp'a ll'ova.	Non ballare mai sopra l'uova.	Never dance on top of the egg. (Stand or act on solid footing.)	Tanze nicht auf den Eiern.
Nun accattà e nun venere 'a jatta int'o sacco.	Non comprare e non vendere la gatta nel sacco.	Do not buy or sell a cat in a bag. (Don't buy sight unseen.)	Kaufe oder verkaufe nicht die Katze im Sack.

Nun addimannà 'e fatte e l'ate ne dìcere 'e fatte toje.

Non informarti delle cose altrui e non andare in giro a raccontare le tue.

Don't ask about what others have done, and don't talk about what you have done.

Frag nicht nach den Angelegenheiten der anderen und erzähl deine eigenen nicht herum.

Nun ce sta diebbeto ca nun se pava; nun ce sta peccato ca nun se chiagne.	Non c'è debbito che non si paga; non c'è peccato che non si piange.	Every debt is paid; every sin is lamented.	Es gibt keine Schulden, die man nicht bezahlt; und es gibt keine Sünden, die man nicht beweint.
Nun ce sta miseria senza vizio.	Non c'è miseria senza vizio.	There is no misery without vice.	Es gibt kein Elend ohne Laster.
Nun credere â santo se nun è visto 'o miracolo.	Non credere al santo se non ha visto il miracolo.	Not trust the saint unless one has seen the miracle.	Glaube dem Heiligen nicht, wenn sein Wunder nicht gesehen wurde.
Nun cuntrastà cu chi nun aveva ca perdere.	Non far cause con chi no ha nulla da perdere.	Do not sue the man who has nothing.	Klage keinen an, der nichts besitzt.
Nun da cunziglia a chi nun te l'ha cercate; nun ghì int'a casa addó nun se chiammato.	Non dar consigli a chi non te li chiede; non andare dove non sei invitato.	Give not offer advice unless it is asked of you; enter not a place unless you are invited.	Gib keine Ratschläge, wenn du nicht darum gebeten wirst, und gehe nicht dorthin, wo du nicht eingeladen bist.
Nun da pugnie a chi tene mmane.	Non dar pugni a chi ha mani.	Don't throw a punch at someone who has hands.	Gib dem, der Hände hat, keinen Fausthieb.
Nun dìcere a nisciuno 'e fatte toje.	Non dire a nessuno i fatti tuoi.	Don't tell anyone what you have done.	Erzähle niemanden deine Angelegenheiten.
Nun dicere maje quanto saje, ne spennere tutto chello che haje.	Non dire mai quanto sai, ne spendere tutto quello che hai.	Never say how much you know, nor spend all that you have.	Sag nie, wie viel du weißt, und gib nie alles aus, was du hast.
Nun è buono ne p''e purpette ne p''o bullito.	Non è buono ne per le polpette ne' per il bollito.	This meat is good neither for meatballs nor for broth. (Describing something completely useless.)	Das taugt weder zu Frikadellen noch zu Brühe. (Etwas völlig Unbrauchbares)
Nun è carne p''e diente toje.	Non è carne per i tuoi denti.	This meat is not for your teeth. (Used when a person is not suited for or deserving of something.)	Das ist kein Fleisch für deine Zähne. (Das ist nichts für dich)
Nun è doce e sale.	Non è dolce di sale.	Not sweetened with salt. (An irritable person.)	Er ist nicht zu wenig gesalzen. (Ein aufbrausender Mensch)

Nun ffà ascì 'o grasso 'a fora 'o pignato.	Non far uscire il grasso dalla pentola.	Don't let the fat flow out of the pot. (Don't let the substance of something be lost.)	Das Fett nicht aus dem Topf lassen. (Dafür sorgen, dass das Wesentliche nicht verloren geht)
Nun ffà male ca è peccato; nun ffà bene ca è sprecato.	Non far del male perché è peccato; non far del bene perché è sprecato.	Don't do bad because it is a sin; don't do good because it is wasted.	Tu nichts Schlechtes, denn das ist Sünde, und tu nichts Gutes, denn das ist Verschwendung.
Nun farse passà 'a mosca p''o naso.	Non farsi passare la mosca per il naso.	Don't let the fly fly across your nose. (Don't be so ignorant or unaware.)	Sich keine Fliege über die Nase fliegen lassen. (Nicht so dumm oder gedankenverloren sein)

Nun mettere carne a cocere.

Non mettere carne a cuocere.

Don't put meat on the grill. (Don't aggravate or provoke someone.)

Kein Fleisch zum Braten aufsetzen. (Kein Öl ins Feuer gießen)

Nun nce sta cosa cchiù sporca d''e recchie d''o cunfessore.	Non c'è cosa più sporca delle orecchie del confessore.	There is nothing dirtier than the ears of the priest in the confessional.	Es gibt nichts Schmutzigeres als die Ohren des Beichtvaters.
Nun pazzià cu 'a jatta ca chella te scippa.	Non giocare con la gatta che quella ti graffia.	Don't play with the cat because she will scratch you.	Spiele nicht mit der Katze, denn sie kratzt dich.
Nun pô' sputà mele chi tene mpietto 'o ffele.	Non può sputare miele chi ha in petto il fiele.	A person who has bile in their chest cannot exude honey.	Wer Galle in der Brust trägt, kann keinen Honig spucken.

Nun raccumannà 'a pecora ô lupo.

Non raccomandare la pecora al lupo.

Don't recommend the sheep to the wolf.

Empfiehl das Schaf nicht dem Wolf.

Nun refonnere legna ô ffuoco.	Non aggiungere legna al fuoco.	Don't add wood to the fire. (Don't provoke or instigate trouble.)	Lege kein Holz aufs Feuer. (Kein Öl ins Feuer gießen)
Nun ridere d''o male e ll'ate, ca 'o tujo sta aret'a porta.	Non ridere del male altrui, che il tuo sta dietro la porta.	Don't laugh about the problems of others, because yours are right behind the door.	Lache nicht über das Übel der anderen, denn deins steht schon hinter der Tür.
Nun sa tenè nu cicero mmocca.	Non sa tenere un cece in bocca.	He is not capable of holding a pea in his mouth.	Er kann keine Kichererbse im Mund behalten.
Nun scetà 'e cane ca dormono.	Non svegliare i cani che dormono.	Don't awaken sleeping dogs.	Schlafende Hunde soll man nicht wecken.
Nun se ffà niente pe' senza niente.	Non fare niente per niente.	Don't do anything for nothing.	Man macht nichts für nichts.
Nun se pô' sapè 'o peccato e 'o peccatore.	Non si può conoscere il peccato ed il nome del peccatore.	One cannot know both of the sin and of the name of the sinner.	Man kann nicht die Sünde und den Namen des Sünders kennen.
Nun sputà ncielo ca nfaccia te torna.	Non sputare in cielo che in faccia ti torna.	Don't spit into the sky because it will come back in your face.	Spucke nicht in den Himmel, denn es fällt dir zurück ins Gesicht.

Nun t'appiccià 'a pippa troppo spisso.

Non accenderti la pipa troppo spesso.

Don't light the pipe too often. (Don't relax too much.)

Mache deine Pfeife nicht zu oft an.

Nun te ffà povero cu chi nun te pô ffà ricco; nun te ffà ricco cu chi te pô ffà povero.	Non buttarti giu' con chi non può arricchirti e non vantarti con chi può farti diventar povero.	Don't act poor with people who cannot make you rich, and don't act rich with people who can make you poor.	Spiele nicht den Armen bei dem, der dich nicht reich machen kann, und spiele nicht den Reichen bei dem, der dich arm machen kann.
Nun te ferma 'a primma taverna.	Non fermarti alla prima taverna.	Don't stop at the first tavern.	Mache nicht an der ersten Schenke Halt.
Nun te ghì a piglià 'o bagno nterra 'a rena ca 'e meglie amice toje t'arrobbano 'e panne.	Non andare a fare il bagno che i migliori amici ti rubano i vestiti.	Don't go swimming because your best friends will steal your clothes.	Gehe nicht baden, denn deine besten Freunde stehlen dir die Kleider.
Nun te mettere ô pere deritto 'a scarpa d''o sinistra.	Non ti mettere al piede destra la scarpa sinistra.	Don't put your right foot in your left shoe.	Ziehe deinen linken Schuh nicht an den rechten Fuß.
Nun te mettere fra 'a ncunia e 'o martiello.	Non metterti fra l'incudine e il martello.	Don't put yourself between the anvil and the hammer.	Stelle dich nicht zwischen Amboss und Hammer.
Nun tene manco l'uocchie pe' chiagnere.	Non ha neanche gli occhi per piangere.	Lack even the eyes to cry with. (Very poor.)	Er hat nicht einmal Augen zum Weinen. (Er ist sehr arm)
Nun tene pile ncoppa 'a lengua.	Non ha peli sulla lingua.	Not have hair on the tongue. (Not mince words.)	Er hat keine Haare auf der Zunge. (Er nimmt kein Blatt vor den Mund)
Nun tene pile nfaccia e sfruculeja 'o barbiere.	Non ha peli in faccia e da fastidio al barbiere.	Have no hair on your face and yet harass the barber. (Describes someone who makes noise but who is not qualified to receive the service or benefit.)	Er hat keine Haare im Gesicht und stört doch den Barbier. (Jemand, der keinen Anspruch auf etwas hat und es doch fordert)
Nun te nzura maje p''e denare.	Non ammogliarti mai per denaro.	Never marry for money.	Heirate nie wegen Geld.
Nun te piglia collera, ca 'o zuccaro va caro.	Non arrabbiarti perché lo zucchero costa caro.	Don't become bitter because sugar is expensive. (If you lose your cool, you'll have to pay a dear price later.)	Ärgere dich nicht, denn der Zucker ist teuer.
Nun te piglia e pensiere 'e l'ate.	Non ti accollare le preoccupazione altrui.	Don't take up the preoccupations of others.	Nimm die Sorgen der anderen nicht auf deine Schultern.

Nun te piglia tanta cane a pettenà.	Non prenderti tanti cani da pettinare.	Don't accept too many dogs to comb. (Don't take on too many dirty jobs.)	Nimm nicht zu viele Hunde zum Kämmen an. (Übernimm nicht zu viele Aufgaben)
Nun tutt'e male veneno pe' nucera.	Non tutti i mali vengono per nuocere.	Not all evil causes damage.	Nicht alles Schlechte bringt Schaden.
Nun tuzzulijà ca se sceta 'o pastore.	Non urtare che si sveglia il pastore.	Don't jump about or you'll wake up the herdsman. (Used by furtive persons or thieves to remind co-conspirators to be careful about being detected.)	Stoße nicht an, sonst wacht der Schäfer auf. (Von Dieben benutzt, um die Mittäter daran zu erinnern, dass Vorsicht geboten ist, um nicht entdeckt zu werden)
Nun v'intricate tra marito e mugliera.	Fra moglie e marito non mettere il dito.	Don't get between a man and a wife. (Don't intervene in a domestic dispute.)	Mische dich nicht in die Angelegenheiten zwischen Eheleuten.
Nun vô ffà carta.	Non vuole fare carta.	Not want to play cards. (Describes one who doesn't want to cooperate.)	Er will keine Karten geben. (Er will nicht mitarbeiten)
N'uocchio cecato e l'aità toja.	Un occhio cieco e l'età tua.	I would give up an eye to have your age. (Lamenting youth lost.)	Ein Auge blind und dafür dein Alter. (Der verflossenen Jugend nachweinen)
N'uocchio e patrone vede cchiù ca quatt'uocchie e servitore.	Un occhio di padrone vede più di quattro occhi di servitori.	One eye of the boss sees more than four eyes of the servants.	Ein Auge des Herrn sieht mehr als vier Augen der Diener.
Nu pate campa a ciento figlie, ma ciento figlie nun campano a nu pate.	Un padre mantiene cento figli e cento figli non mantengono un padre.	One father can support one hundred children, but one hundred children cannot support one father.	Ein Vater versorgt hundert Söhne, und hundert Söhne versorgen nicht einmal einen Vater.
Nu pazzo e nu savio nzieme ne sanno cchiù e nu savio sulo.	Un pazzo e un savio ne sanno di più di un solo savio.	A crazy man and a wise man together know more than a wise man knows alone.	Ein Verrückter und ein Weiser zusammen wissen mehr als ein Weiser allein.
Nu pollece cecai n'uocchie a n'alifante.	Una pulce accecò l'occhio a un elefante.	A flea blinded the elephant. (A small thing can cause a big problem.)	Ein Floh blendete das Auge eines Elefanten. (Kleinigkeiten können große Probleme schaffen)

'O barbiere te fa bello, 'o vino te fa guappo e 'a femmena te fa fesso.

Il barbiere ti fa bello, il vino ti fa audace, e la donna ti fa scemo.

The barber makes you handsome, wine makes you bold, and women make you act like a fool.

Der Friseur macht dich schön, der Wein macht dich mutig und die Frau macht dich dumm.

'O bene vallo a truvà, ca p''o mmale basta aspettà.

Il bene devi cercarlo, per il male, invece, basta aspettare.

One must go out in search of the good; one only need wait and the bad will come to him.

Das Gute musst du suchen, für das Schlechte reicht Warten.

'O buono fatecatore nun se more maje e famme.

Il buon lavoratore non muore mai di fame.

A good worker never dies of hunger.

Der gute Arbeiter stirbt nie Hungers.

'O buono marenaro a l'onne se verè.

Il buon marinaio si vede quando ci sono le onde.

The good sailor proves himself in rough seas.

Den guten Seemann erkennt man, wenn die Wellen hoch gehen.

'O buono marito fa 'a buona mugliera.

Il marito buono fa la moglie buona.

A good husband makes a good wife.

Der gute Ehemann macht die gute Ehefrau aus.

'O busciardo ha ddà avè buona cervelle.

Il bugiardo deve avere buona memoria.

The liar needs a good memory.

Der Lügner muss ein gutes Gedächtnis haben.

'O busciardo se dice 'a verità, nun è creduto.

Il bugiardo se dice la verità, non è creduto.

When the liar tells the truth, he is not believed.

Auch wenn er die Wahrheit spricht, glaubt man dem Lügner nicht.

'O cadè fa mparà a sosere.

Le cadute insegnano a rialzarsi.

Falling down teaches one how to get up.

Durch Hinfallen lernt man aufstehen.

'O cane c'abbaija nun muzzeca.

Il cane che abbaia non morde.

The barking dog does not bite.

Hunde, die bellen, beißen nicht.

'O cane muzzeca sempe 'o stracciato.

Il cane morde sempre lo straccione.

The dog always bites the one in raggedy clothes.

Der Hund beißt immer den Bettler.

'O cane va appriesso ô patrone.	Il cane segue sempre il padrone.	The dog always follows the master.	Der Hund folgt immer seinem Herrn.
'O carro s'acconcia p''a via.	Il carro si aggiusta per la via.	The cart will adjust itself to fit the road.	Den Karren repariert man entlang des Wegs.

'O cavero d''o lietto nun ha maje cuotte 'e fasule.

Il caldo del letto non ha mai cotto fagioli.

The warmth of the bed has never cooked the beans. (One must be industrious to put food on the table.)

Bettwärme hat noch nie Bohnen gekocht.

'O cchiù doce d''a vita è 'o durmì.	Il più dolce della vita è il dormire.	Sleep is the sweetest part of life.	Das Süßeste im Leben ist Schlafen.
'O cielo da na funa luonga ê birbante.	Il cielo da una fune lunga ai birbanti.	Heaven provides a long rope for the scoundrel.	Der Himmel gibt den Gaunern ein langes Seil.
'O Cielo dice: aiutate ca Dio t'aiuta.	Dio dice: aiutati che ti aiuto.	Heaven says: help yourself and God will help you.	Der Himmel sagt: Hilf dir, dann hilft dir Gott.
'O chiuovo nuovo caccia 'o viecchio.	Chiodo scaccia chiodo.	One nail removes the other. Replace the old with the new.	Der neue Nagel vertreibt den alten.
'O ciuccio 'o porta e 'o ciuccio s''o magna.	L'asino lo porta e l'asino se lo mangia.	The donkey carries and the donkey eats.	Der Esel trägt es und der Esel frisst es.
'O ciuccio piccerillo se mpara a magnà 'a paglia d''o ciuccio cchiù gruosso.	L'asino giovane impara a mangiare la paglia dall'asino più grande.	The young donkey learns to eat straw by watching the old donkey.	Der junge Esel lernt das Strohfressen vom älteren Esel.
'O ciuccio porta 'o vino e veve l'acqua.	L'asino porta il vino e beve l'acqua.	The donkey carries wine and drinks water.	Der Esel trägt Wein und trinkt Wasser.
'O ciuccio, quanno tene famme, magna ogne specie d'evere.	L'asino, quando ha fame, mangia qualsiasi erba.	The hungry donkey will eat any type of grass.	Wenn der Esel Hunger hat, frisst er jedes Gras.
'O ciuccio se canosce d''a sella.	Il valore dell'asino si vede dalla sella.	The worth of a donkey can be seen by the price of his saddle.	Den Wert des Esels erkennt man am Sattel.

'O curtiello ferisce e 'o fodero accusa.	Il coltello ferisce e il fodero accusa.	The knife wounds and the sheath makes the accusation.	Das Messer verletzt, und die Scheide klagt an.
'O deritto more sempe pe' mano d''o fesso.	L'uomo in gamba muore spesso per colpa di uno stupido.	The great man often dies at the hand of a fool.	Der Tüchtige stirbt immer durch die Schuld des Dummen.
'O dicere e 'o ffà sò duje cose.	Dire e fare sono due cose.	Saying and doing are two different things.	Reden und Handeln sind zwei verschiedene Dinge.
'O friddo nasce, pasce e more.	Il freddo nasce, cresce, e muore.	Cold comes, grows, and dies.	Die Kälte kommt, wächst und geht.
'O gallo canta e 'o gallurinio penza.	Il gallo canta e il galletto penza.	The rooster sings and the little rooster thinks.	Der Hahn kräht, und der junge Hahn denkt.
'O gallo canta matina.	Il gallo canta di mattina.	The rooster sings in the morning.	Der Hahn kräht morgens.
Ogn'acqua corre a mare.	Ogni acqua corre al mare.	All water flows to the sea.	Alles Wasser fließt zum Meer.
Ogn'acqua leva 'a sete.	Ogni acqua toglie la sete.	All waters quench thirst.	Alles Wasser löscht den Durst.
Ogn'altare tene na croce.	Ogni altare ha una croce.	Every altar has a cross.	Jeder Altar hat ein Kreuz.
Ogne bella scarpa addeventa scarpone.	Ogni bella scarpa diventa scarpone.	Every beautiful shoe will eventually wear out. (In time, all will decay.)	Aus jedem schönen Schuh wird einmal ein alter Latschen.
Ogne bello sciore addeventa paglia.	Ogni bel fiore diventa paglia.	Every beautiful flower will become straw. (Everything eventually wastes away.)	Jede schöne Blume wird zu Stroh.
Ogne brutto cane tene na bella coda.	Ogni brutto cane ha una bella coda.	Every ugly dog has a beautiful tail.	Jeder hässliche Hund hat einen schönen Schwanz.
Ogne cane che fuje sape 'e fatte soje.	Ogni cani che fugge sa i fatti suoi.	Dogs know why they are fleeing.	Jeder Hund, der wegläuft, weiß, was er macht.
Ogne capa è nu tribunale.	Ogni testa è un tribunale.	Each head is a courtroom. (Every man makes judgments.)	Jeder Kopf ist ein Tribunal. (Jeder bildet sich ein eigenes Urteil)
Ogne evere nun è 'a menta.	Non tutta l'erba è menta.	Not every weed is mint.	Nicht alles Gras ist Pfefferminze.

Ogne lasciato è perduto; ogne pigliato è guadagnato.	Tutto il lasciato è perduto; tutto che si riesce a prendere è guadagnato.	That which is foregone is lost; that which is seized is earned.	Alles, was man liegen lässt, ist verloren; alles, was man nimmt, ist gewonnen.
Ogne nudeco vene a lo pettine.	Tutti i nodi vengono al pettine.	Every knot of hair gets caught in the comb. (Describing a sweep that catches all of the bad guys or an event that cleans everything in a swoop.)	Alle Knoten bleiben im Kamm hängen. (Alle schlechten Menschen werden erwischt oder alles Üble wird entfernt)
Ogne passo è nu pericolo.	Ogni passo è un pericolo.	Each step is dangerous.	Jeder Schritt ist eine Gefahr.
Ogne privazione è na virtù.	Ogni privazione è un' azione virtuosa.	Every act of self-deprivation is a virtuous act.	Jeder Verzicht ist eine tugendhafte Tat.
Ogne prumessa è debbeto.	Ogni promessa è debito.	Every promise is a debt.	Jedes Versprechen ist eine Schuld.
Ogne riccio nu capriccio.	Ogni riccio un capriccio.	She has a whim for every curl in her hair. (Describing a very capricious woman.)	Jede Locke eine Flause. (Eine sehr launische Person)
Ogne scarafone è bello a mamma soja.	Ogni scarafaggio è bello alla sua madre.	Every cockroach is handsome to his own mother.	Jeder Käfer ist für seine Mutter schön.
Ognuno avanta 'a mercanzia soja.	Tutti vantano la loro mercanzia.	Everyone boasts of his own merchandise.	Jeder preist seine Waren.
Ognuno cu 'a rroba soja fa chillo ca vô.	Ognuno con le sue cose fa ciò che vuole.	Each does what he wants with his own things.	Jeder macht mit seinen Sachen, was er will.

Ognuno è ricco a casa soja.

Ognuno è ricco nella propria casa.

Every man is rich in his own home.

Jeder ist im eigenen Haus reich.

Ognuno magna a lo piatto sojo.	Ognuno mangia nel suo piatto.	Everyone eats from his own plate.	Jeder isst von seinem Teller.
Ognuno vô bene a doje persona: a chi nce da rroba e a chi nun le cerca niente.	Tutti vogliono bene a due persone: a chi regala qualcosa e a chi non chiede niente.	We all love two people: the person who gives us something and the person who does not ask anything of us.	Alle mögen zwei Personen - die, welche etwas schenkt, und die, welche nichts verlangt.
'O guaijo vene sempe accumpagnato.	I guai vengono sempre accompagnato.	Problems come well-accompanied.	Die Probleme kommen immer in Begleitung. (Ein Unglück kommt selten allein)
'O latro ncoppa e 'o galantommo nfunno.	I ladri fanno fortuna e i galantuomini falliscono.	Thieves thrive while great men perish.	Die Diebe werden reich und die Ehrenmänner gehen Bankrott.
'O lietto se chiamma rosa: chi nun dorme s'arreposa.	Il letto si chiama rosa: chi non dorme si riposa.	The name of the bed is "rose": he who does not sleep, can repose.	Das Bett heißt Rose - wer nicht schläft, ruht sich aus.
'O limone sicco nun te da succo.	Il limone secco non da succo.	A dry lemon does not quench thirst.	Die vertrocknete Zitrone gibt keinen Saft.
'O lupo nun se magna 'o lupo.	Il lupo non mangia il lupo.	The wolf eats not the wolf.	Ein Wolf frisst keinen anderen Wolf.
'O lupo perde 'o pilo, ma nun perde 'o vizio.	Il lupo perde il pelo ma non il vizio.	The wolf will shed its hair but not its bad character.	Der Wolf verliert das Fell, aber nicht das Laster.
'O magnà buono è fatto pe''o pover'ommo.	Il mangiar bene è fatto per i poveri.	Poor people eat well. (The poor eat fresh and simple food.)	Gutes Essen ist für die Armen gemacht. (Die Armen essen frische und einfache Kost)

'O magnà nun è peccato.	Mangiare non è peccato.	Eating is not a sin.	Essen ist keine Sünde.
'O male guadagno fa spartere 'e cumpagne.	Il cattivo guadagno fa dividere i compagni.	Ill-gotten gains break up associates.	Unrecht erworbenes Gut scheidet Kameraden.
'O mare cchiù tene e cchiù vô tenè.	Il mare più ha e più vuol avere.	The sea holds more and wants more.	Je mehr das Meer hat, desto mehr will es.
'O mariuolo 'o porta scritto nfronte.	Il ladro lo porta scritto sul viso.	The thief has his plans written on his face.	Der Dieb trägt es ins Gesicht geschrieben.
'O mariuolo secuta 'o sbirro.	Il ladro insegue la guardia.	The thief scares off the policeman. (Describing a contrary situation.)	Der Dieb verfolgt den Polizisten. (Eine widersprüchliche Situation)
'O masto è masto, ma 'o patrone è capomasto.	L'artigiano è artigiano, ma il padrone è il capo dell'artigiano.	The artisan is what he is, but the patron is the boss.	Der Handwerker ist Handwerker, aber der Besitzer ist der Chef der Handwerker. (Der Handwerker versteht sein Handwerk gut, aber wer zahlt, bestimmt)
'O meglio è chi nasce fesso.	Il miglior è vivere di cretino.	The best way to live is to be ignorant.	Am besten ist es, als Idiot auf die Welt zu kommen.
'O meglio maste è chillo ca porta 'e sorde a casa.	Il meglio artigiano è quello che porta il denaro a casa.	The best artisan is he who brings home money.	Der beste Handwerker ist der, welcher Geld nach Hause bringt.
'O meglio servizio è chillo che te faje cu 'e mmane toje.	Il lavoro migliore è quello che fai con le tue mani.	The best work is that which you do with your own two hands.	Die beste Arbeit ist die, welche du mit deinen Händen machst.
'O miedeco tene tre facce: d''ommo quanno nun serve, d''angelo quanno è necessario, e d''e diavulo quanno è fernuta 'a malatia.	Il medico possiede tre facce: di uomo quando non serve, di angelo quando se ne ha bisogna e di diavolo quando bisogna pagarlo.	The doctor has three faces: as a man when he isn't treating you, as an angel when you need him, and as a devil when it is time to pay him.	Der Arzt hat drei Gesichter - Mensch, wenn man ihn nicht braucht, Engel, wenn man ihn nötig hat, und Teufel, wenn man ihn bezahlen muss.
'O mierulo cecato a notte se fa 'o nido.	Il merlo cieco costruisce il nido di notte.	The blind crow can build his nest at night.	Die blinde Amsel baut ihr Nest nachts.
'O mmiriuso rimmane confuso.	L'invidioso resta confuso.	The envious person remains startled.	Der Neidische bleibt verwirrt.

Ommo avvisato miezo sarvato.	Uomo avvisato mezzo salvato.	A man who has been warned is a man half saved.	Gewarnt ist halb gerettet.
Ommo deliberato nun vô cunziglio.	L'uomo deliberato non vuole consiglio.	The man with resolve desires not advice.	Der entschlossene Mensch braucht keinen Rat.
Ommo denaruso, ommo pensaruso.	Uomo danaroso, uomo pensieroso.	The rich man is a worried man.	Mann voller Geld, Mann voller Sorgen.
Ommo nzurato, ommo nguaijato.	Uomo ammogliato, uomo inguaiato.	A married man is a troubled man.	Mann mit Ehefrau, Mann mit Schwierigkeiten.
Ommo senza vizio è menesta senza sale.	Un uomo senza vizi è come una minestra senza sale.	A man with no vices is like soup without salt.	Ein Mann ohne Laster ist wie eine Suppe ohne Salz.
'O monaco sciala e 'o cunviento paga.	Il monaco sciala e il convento paga.	The monk incurs debts and the convent must cover them.	Der Mönch prasst, und das Kloster zahlt.

'O monaco tene nu vraccio curto e n'ato luongo.

Il monaco ha un braccio corto e un altro lungo.

The monk has a short arm (for giving) and a long arm (for taking).

Der Mönch hat einen kurzen und einen langen Arm. (Kurz zum Geben und lang zum Nehmen)

'O nemmico e l'ommo è l'ommo stesso.	Il nemico dell'uomo è lo stesso uomo.	Man is his own worst enemy.	Der Feind des Menschen ist der Mensch.
'O parlà chiaro è fatto pe' ll'amice.	Il parlare chiaro è fatto per gli amici.	Speak clearly to friends.	Klare Worte sind für Freunde gemacht.
'O parrucchiano pensa primma pe' isso.	Il parrocchiano pensa prima per se stesso.	The parishioner thinks first about himself.	Das Pfarrkind denkt zuerst an sich selbst.
'O pastore c'avanta 'o lupo nun vô bene 'e pecore.	Il pastore che vanta il lupo non vuol bene alle pecore.	The shepherd who boasts to the wolf does not care about his sheep.	Der Schäfer, der den Wolf lobt, mag seine Schafe nicht.

'O patrone songh'io, ma chi cummana è muglierame.	Il capo famiglia sono io, ma chi commanda e mia moglie.	I am the head of the family, while my wife is the commander.	Ich bin das Familienoberhaupt, aber meine Frau bestimmt.
'O peggio passo è chillo d''a porta.	Il peggior passo è quello della porta.	The most difficult step to take is the one out the door. (Starting out is the hardest part.)	Der schwierigste Schritt ist der zur Tür hinaus. (Aller Anfang ist schwer)
'O peggio surdo è chillo ca nun vô sentì.	Il peggior sordo è quello che non vuol sentire.	The worst form of deafness is an unwillingness to listen.	Der schlimmste Taube ist derjenige, der nicht hören will.
'O pesce fete d''a capa.	Il pesce puzza dalla testa.	Fish stink first from the head. (An organization goes bad from the top.)	Der Fisch stinkt zuerst am Kopf. (Missstände in einer Organisation kommen von oben)
'O pesce gruosse magna 'o piccerillo.	Il pesce grande mangia il piccolo.	The big fish will eat the little fish.	Der große Fisch frisst den kleinen.
'O piso d''a curona fa calà l'ummore e l'uocchie nun fa verè deritto.	Il peso della corona fa calare l'umore e gli occhi non fa vedere diritto.	The weight of the crown can destroy your character and prevent you from seeing clearly. (Power can confuse and harm.)	Das Gewicht der Krone macht schlechte Laune und verstellt den Blick nach vorn. (Macht kann den Charakter verderben und die Sicht verstellen)
'O pover'ommo è sempe 'o cchiù scamazzato.	I poveri sono sempre trattati peggio degli altri.	The poor man is always treated worse than others.	Die Armen werden immer am schlechtesten behandelt.
'O predecà ô desierto so' parde perze.	Predicare nel deserto è tempo perso.	Preaching in the desert is time wasted.	Predigen in der Wüste ist Zeitvergeudung.
'O prevete dice: facite chello ca dico io, ma nun facite chello che faccio io.	Il prete dice: fate quello che vi dico, ma non fate quello che faccio io.	The priest says: do as I say, not as I do.	Der Priester sagt: macht, was ich euch sage, aber macht nicht, was ich mache.
'O primmo 'ammore nun se scorda maje.	Il primo amore non si dimentica mai.	The first love is never forgotten.	Die erste Liebe vergisst man nie.
'O primmo ca s'aiza cummanna.	Chi s'alza per primo comanda.	He who rises first is in charge.	Wer zuerst aufsteht, befiehlt.
'O primmo miedeco è Dio.	Il primo medico è Dio.	God is the first doctor.	Der erste Arzt ist Gott.

'O pullasto se spenna doppo muorto.	Il pollastro si spenna dopo che è morto.	The chick is plucked after it is killed. (First you defeat an opponent, and then you can enjoy the spoils.)	Das Huhn rupft man, wenn es tot ist. (Man muss den Feind zuerst besiegen, bevor man die Beute bekommt)
'O purpo se coce dint'â ll'acqua soja.	Il polipo si cuoce nella sua acqua.	The octopus stews in its own juices. (One suffers the consequences of one's own acts or decisions.)	Der Krake kocht im eigenen Sud. (Man spürt die Folgen des eigenen Handelns)
'O putecaro, chello ca tene chello te venne.	Il bottegaio, quello che ha quello ti vende.	The shopkeeper can only sell you what he has.	Der Krämer verkauft dir das, was er hat.
'O remmedio è peggio d''o male.	Il rimedio è peggiore del male.	The remedy is worse than the illness.	Das Heilmittel ist schlimmer als die Krankheit.
'O sacco, si è troppo chino, se sfonna.	Il sacco, se è troppo pieno, si sfonda.	The bag, if too full, will break open.	Wenn der Sack zu voll ist, reißt er auf.
'O sacco vacante nun se mantene all'erta.	Il sacco vuoto non si mantiene in piedi.	The empty bag will not stand up.	Der leere Sack steht nicht aufrecht.
'O sanghe nun pô maje addiventà acqua.	Sangue non può mai diventare acqua.	Blood can never become water.	Blut kann nie zu Wasser werden.
'O Signore, primma 'e ffà e po' ll'accocchia.	Il Signore, prima li fa e poi li accoppia.	God makes them and then puts them together.	Der Herrgott macht sie und dann führt er sie zusammen.
'O Signore, primma ll'ha fatto e po' se n'è scurdato.	Il Signore, prima l'ha fatto e poi l'ha abbandonato.	God made him and then abandoned him. (Said of a miserable person.)	Zuerst hat der Herrgott ihn gemacht, dann hat er ihn vergessen.
'O sparagno nun è maje guadagno.	Il risparmio non è mai guadagno.	Savings are never earnings.	Ersparnisse sind nie Gewinne.
'O spasso d''e zetelle so' 'e capille.	Lo spasso delle zitelle sono i capelli.	Old maids spend their time combing their hair.	Der schönste Zeitvertreib der alten Jungfern sind ihre Haare.
'O turco fatto cristiano vô mpalà a tutte chille ca jastemmano.	Il turco convertito al cristianesimo vuole impalare tutti quelli che bestemmiano.	The Turk who is converted to Christianity wants to impale all of those who curse God. (Describing a person who is rigid and severe and misses the point.)	Der zum Christentum übergetretene Türke will alle pfählen, die fluchen. (Ein strenger und unnachgiebiger Mensch, der das Wesentliche nicht begriffen hat)

'O vino adacquato fa l'ommo scialacquato.	Il vino annacquato fa l'uomo debole.	Watered down wine makes a man weak.	Der verwässerte Wein macht den Mann schwach.
'O zuoppo dicette ô cecato: cammina!	Lo zoppo disse al cieco: cammina!	The cripple tells the blind man: walk!	Der Lahme sagte zum Blinden: Geh!
Pajanno tazza e cucchiaro.	Sembrano tazza e cucchiaio.	They are like a cup and a spoon.	Sie sind wie Tasse und Löffel. (Ein Herz und eine Seele)
Panza chiena cerca arrepuoso.	Pancia piena cerca riposo.	The full belly seeks repose.	Ein voller Bauch sucht Ruhe.
Panza chiena nun penza a guaije.	Pancia piena non pensa ai guai.	A full belly thinks not of problems.	Ein voller Bauch denkt nicht an die Probleme.
Pare 'o cannone e miezejuorno.	Sembra il cannone di mezzogiorno.	He seems like a cannon shot marking high noon. (Describing a boisterous person.)	Er ist wie der Kanonenschuss zu Mittag. (Ein ungestümer Mensch)
Pare 'o quadro d''a disperazione.	Sembra il quadro della disperazione.	He seems like the picture of desperation.	Er ist ein Bild der Verzweiflung.
Parlà cu 'o chiummo e cu 'o cumpasse.	Parlare come il filo a piombo e il compasso.	To speak like a plumb bob and a compass. (To speak with full precision.)	Wie Lot und Zirkel reden. (Sehr präzise)
Parlà comme nu libro apierto.	Parlare come un libro aperto.	To speak like an open book. (Speak precisely.)	Wie ein offenes Buch reden.
Parla comme t'ha fatto mammeta.	Parla come ti ha fatto tua madre.	Speak the way your mother spoke to you. (Use your natural manner of speech.)	Rede so, wie deine Mutter dich gemacht hat. (Ohne Verstellung oder Allüren reden)
Parla d''o diavulo e spuntano 'e corne.	Parla del diavolo e spuntano le corna.	Speak of the devil and his horns appear.	Sprich vom Teufel, und es tauchen die Hörner auf. (Wenn man vom Teufel spricht, kommt er)
Parrucchià, hanno rotta 'a campagna. Chi l'ha rotta, ha pavà. È stato 'o nepote vuostro. Allora, è stata na disgrazia.	Parrocchiano, hanno rotto la campana. Chi l'ha rotta, deve pagare. È stato vuostro nipote. Allora, è stata una disgrazia.	Father, someone broke the bell. Whoever broke it has to pay for it. It was your nephew. Well then, it was an accident. (Self-interest will radically alter one's assessment of a situation.)	Priester, die Glocke wurde kaputt gemacht. Wer sie kaputt gemacht hat, muss dafür bezahlen. Es war euer Neffe. Dann war es ein Unfall.

Passato 'o pericolo, gabbato lu santo.	Passato il pericolo, tradito il santo.	Once the danger has passed, the saint is betrayed.	Ist die Gefahr vorbei, wird der Heilige verraten.

Passato 'o santo, passata 'a festa.

Passato il santo, passata la festa.

Once the saint's procession has passed, the holiday is over.

Ist der Heilige (mit der Prozession) vorbeigezogen, ist das Fest vorbei.

Passero viecchio nun trase ngaiola.	Il passero vecchio non entra in gabbia.	The old bird does not enter the cage.	Der alte Spatz geht nicht in den Käfig.
Pate sparagnatore, figlio scialacquatore.	Padre risparmiatore, figlio scialacquone.	Thrifty father, wasteful son.	Vater sparsam, Sohn verschwenderisch.
Patte chiare, ammicizia luonga.	Patti chiari amicizia lunga.	Clear dealings make for good friendships.	Klare Abmachungen, lange Freundschaft.
Pazzià cu 'o ffuoco.	Scherzare col fuoco.	To play with fire.	Mit dem Feuer spielen.

Pe' campà sano, vieste cauro, magna poco e cammina chiano.

Per vivere in buona salute vesti caldo, mangia poco e cammina lentamente.

To live in good health, dress in warm clothes, eat little, and walk slowly.

Um gesund zu bleiben, ziehe dich warm an, iss wenig und laufe langsam.

Pe' canoscere nu furbo, nce vô nu furbo e mmiezo.	Per conoscere un furbo ci vuole un furbo e mezzo.	To know a tricky guy it takes a trickier guy.	Um einen Gauner zu erkennen, braucht man anderthalb Gauner.
Pe' carna tosta, curtiello tagliente.	Per la carne dura occorre un coltello tagliente.	For tough meat, you need a knife that cuts.	Für hartes Fleisch braucht man ein scharfes Messer.

Pe' mare nun ce stanno tavierne.	Per mare non ci sono taverne.	There are no taverns at sea. (There are no amenities in inhospitable places.)	Auf dem Meer gibt es keine Schenken. (Kein Komfort an ungastlichen Orten)
Pe' n'aceno e sale se perde 'a menesta.	Per un acino di sale si perde la minestra.	An extra grain of salt can ruin the whole soup.	Ein Körnchens Salz zu viel ruiniert die Suppe.
Pe' na cusella faje n'arrevuoto.	Per una piccola cosa fai venire un terremoto.	You cause an earthquake over a minor thing. (To over-react.)	Wegen einer Kleinigkeit beschwörst du ein Erdbeben herauf.
Pe' nu monaco nun se perde 'o convento.	Per un monaco non si perde il convento.	The damage done by one monk will not destroy the convent.	Wegen eines Mönchs verliert man nicht das Kloster.
Pe' nu ruotolo e farina ha arevutato nu mercato.	Per un pugno di farina ha messo sotto sopra il mercato.	For a fistfull of flour, he upturned the entire market. (Raise havoc over a minor loss.)	Wegen einer Handvoll Mehl hat er den Markt auf den Kopf gestellt.
Penza ô male, si vuo lo bene.	Prevedi il male se vuoi avere il bene.	Foresee evil in order to have good.	Sieh das Schlechte voraus, wenn du das Gute haben willst.
Penza 'a salute.	Pensa alla salute.	Think of your health.	Denk an die Gesundheit.
Perdeno 'e vacche e vanno truvanno corne.	Perdono le vacche e vanno cercando le corna.	They lost the cattle and went looking for their horns. (Look for a minor item when a greater item is at large.)	Sie verlieren die Kühe und suchen Hörner. (Nach wertlosen Dingen suchen, wenn wertvolle auf dem Spiel stehen)
Persona sapia e agghiustata è chi se fa stimà senza spata.	L'ommo saggio è colui che riesce a farsi stimare senza spada.	The wise man is he who gains esteem without using the sword.	Der weise Mann verschafft sich ohne Schwert Respekt.

Pe' Santu Valentino primmavera sta vicina.

A San Valentino la primavera è vicina.

When Saint Valentine's Day arrives, spring is near.

Am Sankt Valentinstag ist der Frühling nah.

Pestà l'acqua int'o murtaro.	Pestare l'acqua nel mortaio.	To crush water in a mortar. (Do something useless.)	Das Wasser im Mörser zerstoßen. (Nutzlose Dinge tun)

Pe' troppo vulè tutto se perde.	Chi troppo vuole tutto si perde.	He who wants too much loses everything.	Wer zu viel will, verliert alles.
Petrusino ogne menesta.	Prezzemolino in ogni minestra.	The parsley in every soup. (Describing a gadfly or person who is everywhere.)	Petersilie in jeder Suppe. (Jemand, der überall auftaucht)
Pezzente vergugnuso tene 'a saccoccia vacante.	Povero vergognoso ha la tasca vuota.	The poor, shy man has an empty pocket.	Der schüchterne Arme hat leere Taschen.
Pigliate 'o buono quanno te vene, ca 'o malamente nun te manca maje.	Prendeti il buone quando arriva, che le seccature non mancano mai.	Seize the good opportunity when it comes, since there is no end to adversity.	Nimm das Gute, wann immer es kommt, denn an Schlechtem fehlt es nie.
Pô cchiù 'a lengua ca 'e curtellate.	Può più la lingua che le coltellate.	The tongue is more powerful than the knife.	Die Zunge vermag mehr als Messerstiche.
Porta aperta a chi porta.	Porta aperta a chi porta.	The door is open to those who arrive with gifts.	Die Tür steht allen offen, die etwas mitbringen.
Prattecate sempe cu 'o meglio de vuje e facitele 'e spesse.	Frequenta persone migliori di te, anche se devi pagare anche per loro.	Spend your time with persons better off than yourself, even if you have to pay their way as well.	Verkehre mit Personen, die besser sind als du, auch wenn du für sie mitbezahlen musst.
Primma e putè criticà 'e scarpe e l'ate, haje a essere scarparo.	Prima di potere criticare le scarpe degli altri, deve essere calzolaio.	Before you can criticize another's shoes, you need to be a shoemaker.	Bevor du die Schuhe der anderen kritisieren kannst, musst du Schuhmacher sein.
Primma t'aggio a mparà e po' t'aggio a perdere.	Ti devo insegnare e poi ti devo perdere.	First I must teach you, and then I will lose you. (The apprentice moves on once he is taught.)	Zuerst muss ich dir alles beibringen, und dann verliere ich dich. (Wenn der Lehrling alles gelernt hat, geht er)
Pulecenella 'e fische 'e teneva p'applause.	Pulcinella i fischi li scambiava per applausi.	Pulcinella mistook booing for applause.	Pulcinella hat die Pfiffe für Applaus gehalten.
Pure 'a riggina avette bisogno d''a vicina.	Anche la reggina ha avuto bisogno della vicina.	Even the queen needed her neighbor. (Everyone needs a neighbor.)	Auch die Königin hat ihre Nachbarin gebraucht.
Pure 'e cuffiate vanno mparaviso.	Pure quelli che vengono presi in giro vanno in paradiso.	Even those who are the butt of jokes go to heaven.	Auch die, die an der Nase herumgeführt werden, kommen ins Paradies.

Pure 'e pullece teneno 'a tosse.	Anche le pulci hanno la tosse.	Even fleas cough. (Used to refer to an insignificant person who wants to be heard.)	Auch Flöhe haben Husten. (Eine unbedeutende Person, die sich Gehör verschaffen will)
Pure 'o ciciniello vô essere pesce.	Anche il pesce appena nato vuol essere pesce.	Even the little fish wants to be considered as a fish.	Auch das neugeborene Fischchen will ein Fisch sein.
Pure 'o perucchio tene 'o sfogo sujo.	Anche il pidocchio ha il suo sfogo.	Even the tick has his outburts.	Auch die Laus hat ihre Gefühlsausbrüche.
Quanno lo malanno vô venì trase pe' spaccazze d''a porta.	Quando un malanno vuole venire, entra anche dalle fessure della porta.	When evil wants to enter your home, it can come in through the cracks in the door.	Wenn ein Übel kommen will, kommt es auch durch den Türschlitz herein.

Quanno lo piro è ammaturo, se ne cade senz'o torceturo.

Quando la pera è matura cade senza forzature.

When the pear is ripe, it falls to the ground on its own. (When something is ready to happen, it happens.)

Wenn die Birne reif ist, fällt sie von allein vom Baum.

Quanno lo pover'ommo se arrepezza, tutto di nuovo se crede vestì.	Il povero quando ha un vestito rammendato ha l'impressione di essere vestito di nuovo.	When the poor man has a suit with patches on it, he thinks he has a new suit.	Wenn der Arme geflickte Kleider trägt, fühlt er sich, als hätte er neue Kleider.
Quanno lo terreno è buono, porta ogne sorta de frutto.	Quando il terreno è buono, porta ogni sorta di frutto.	When the soil is good, it bears all sorts of fruit.	Wenn der Boden gut ist, wachsen alle Arten von Früchten.
Quanno meno te mpaccia, manco rieste mpacciato.	Quando meno ti impicci dei fatti altrui, meno resti impicciato.	The less you get involved in the business of others, the less problems you will have.	Je weniger du dich um die Angelegenheiten der anderen kümmerst, desto weniger wirst du darein verstrickt.

Quanno 'o diavulo t'accarezza, vô l'anima.

Quando il diavolo ti accarezza, vuole l'anima.

When the devil caresses you, he wants your soul.

Wenn der Teufel dich streichelt, will er deine Seele.

Quanno 'o fierro è cauro se stira.	Quando il ferro è caldo si stira.	When the iron is hot, you can iron.	Wenn das Eisen heiß ist, wird gebügelt.
Quann'o male tiempo vene d''o mare, pigliate 'a mappate e vattenne 'a lava.	Quando il maltempo viene dal mare tranquillizzati: ritornerà presto il sereno.	When bad weather comes from the sea, relax, because good weather will soon return.	Wenn das schlechte Wetter vom Meer her kommt, sei beruhigt - es wird bald wieder schön.
Quanno 'o mellone esce ruso, ognuno ne vô na fella.	Quando il melone esce rosso tutti ne vogliono una fetta.	When the watermelon is ripe everyone wants a piece.	Wenn die Melone schön rot ist, wollen alle eine Scheibe.
Quanno 'o parente corre, 'o vecino è già curruto.	Quando il parente corre, il vicino è già arrivato.	When your relative starts running to your rescue, your neighbor is already there. (Neighbors usually are quicker to help than relatives.)	Wenn der Verwandte losläuft, ist der Nachbar schon angekommen.
Quanno 'o Signore nzerra na porta, arape nu purtone.	Quando il Signore chiude una porta, apre un portone.	When God closes a portal, he opens a gate.	Wenn der Herrgott eine Tür schließt, öffnet er ein Portal.
Quanno sii ncunia, statte; quanno sii martiello, vatte.	Quando sei incudine, statti; quando sei martello, batti.	When you are the anvil, hold still; when you are the hammer, hit. (Fulfill your appointed role at the appointed time.)	Wenn du der Amboss bist, halte still; wenn du der Hammer bist, schlage zu.
Quanno uno è ricco assaije, se dispera cchiù peggio d''o pezzente.	I ricchi hanno i loro guai, al pari e più dei poveri.	Rich people and poor people both have their problems.	Die wirklich Reichen haben noch mehr Sorgen als die Armen.

Quanno uno s'ha ddà mbriacà è meglio ca se mbriacasse e vino buono.	Se ci si deve ubriacare, è meglio ubriacarsi col vino buono.	If one must get drunk, best to do it with good wine.	Wenn man sich betrinken muss, dann ist es besser, sich mit gutem Wein zu betrinken.
Quanno vide na bella juornata te siente allargà 'o core.	Quando vede il sole ci si sente felici.	When you see the sun shine, you feel happy.	Wenn man die Sonne sieht, geht einem das Herz auf.
D''a matina se canosce 'a buona juornata.	Dal mattino si vede la buona giornata.	A good day can be seen from the top of the morning.	Den guten Tag sieht man am Morgen.
Refonnerce tierzo e capitale.	Perdere il capitale e gli interessi.	Lose capital and interest. (Be wiped out.)	Kapital und Zinsen verlieren.
Remota 'a causa se remmova 'o succiesso.	Rimossa la causa, finisce l'effetto.	Remove the cause and the effect will end.	Ist die Ursache beseitigt, ist die Wirkung vorbei.
Restà cu na vranca e mosche mmano.	Restare con un pugno di mosche in mano.	Be left with a handful of flies. (Have next to nothing.)	Mit einer Handvoll Fliegen in der Hand zurückbleiben.
Ricette 'o rancio: chi nasce stuorto, nun pô' cammenà deritto.	Disse il granchio: chi è storto non può camminare diritto.	The crab says: he who is born crooked cannot walk straight.	Sagte der Krebs: Wer krumm ist, kann nicht gerade laufen.
Rispetta 'o cane p''o patrone.	Rispetta il cane per il padrone.	Respect the dog because of its master.	Er respektiert den Hund wegen seines Herrn.
Rompere l'ova int'o panaro.	Rompere le uova nel paniere.	Break the eggs in the basket. (Suffer harm from another's acts.)	Die Eier im Korb zerbrechen. (Einen Strich durch die Rechnung machen)
Russo e matina, appriparateve 'e ttine.	Rosso di mattina, preparate le tinozze.	Red sky in the morning, prepare the water basins. (A storm is coming.)	Morgenrot, macht die Wasserbecken fertig. (Morgenrot, Schlechtwetter droht)
Russo e sera, buono tempo se spera.	Rosso di sera, buon tempo si spera.	Red sky at night portends fine weather.	Abendrot, man kann auf gutes Wetter hoffen. (Abendrot Gutwetterbot)
Sale e vino: veleno fino.	Il sale e il vino: veleno fino.	Wine and salt are very slow poisons.	Salz und Wein - feines Gift.
San Martino, ogne musto è vino.	Per San Martino, il mosto è diventato vino.	By the Day of San Martino (11 November), the crushed grapes will have turned to wine.	Zum Martinstag ist der Most zum Wein geworden.

84

Sapè cchiù 'o papa e nu campagnuolo ca 'o papa sulamente.	Sanno di più il papa e un campagnolo messi assieme che soltanto il papa.	The Pope and a villain together know more than the Pope knows alone.	Der Papst und ein Bauer zusammen wissen mehr als der Papst allein.
S'appiccecano e vajasse e se sgravogliano e matasse.	Litigano le popolane e si sbrogliano le matasse.	When bad women fight, all of the dirty laundry is revealed.	Die Frauen aus dem Volk streiten, und die Knäuel entwirren sich. (Es kommen lang gehütete Geheimnisse ans Licht)
Sbattere cu 'a capa nfaccia 'o muro.	Sbattere con la testa contro il muro.	Hit your head against the wall.	Mit dem Kopf gegen die Mauer schlagen.
Schiavo cantanno e schiavo so' chiagnenno.	Schiavo sono cantando e schiavo resto piangendo.	I am a slave whether I am singing or crying.	Sklave bin ich, wenn ich singe, und Sklave bleibe ich, wenn ich weine.
Schitto â morte nun ce sta remmedio.	Solo alla morte non c'è rimedio.	Only death has no remedy.	Nur gegen den Tod gibt es kein Heilmittel.
Se dice 'o peccato, ma nun 'o peccatore.	Si dice il peccato, ma non il peccatore.	Speak of the sin, but not of the sinner.	Man nennt die Sünde, aber nicht den Sünder.
Se gode cchiù 'a aspetta d''o piacere ca 'o piacere stesso.	L'attesa del piacere è spesso più bella del piacere stesso.	The anticipation of pleasure is often more enjoyable than the pleasure itself.	Die Vorfreude ist oft schöner als die Freude selbst.
Se magna pe' campà, nun se campa pe' magnà.	Si mangia per vivere, non bisogna vivere per mangiare.	Eat to live, don't live to eat.	Man isst, um zu leben, aber man lebt nicht, um zu essen.
S'è magnato 'e maccarune.	Si è mangiato i maccheroni.	He ate the maccaroni. (He believed what we told him.)	Er hat die Makkaroni gegessen. (Er hat uns die Geschichte abgenommen)
Se mpizza e renza e se mette e chiatto.	È entrato di spigolo e si è poi messo di chiatto.	He entered from a corner and then he spread out and occupied the entire space. (Describing a person who arrives innocuously and then takes over.)	Er kam ganz schmal herein und hat sich dann breit gemacht.
Se n'è venuto a ora e cavaliere.	È arrivato ad orario di cavaliere.	He arrived at the hour of the noble horseman. (He showed up at his own sweet time.)	Er ist zur Stunde der Ritter gekommen. (Er kam, wann es ihm passte)

Se ngrassa 'o puorco pe' ne fa sacicce.	Si ingrassa il porco per farne salsicce.	Fatten the pig to make sausage.	Das Schwein wird gemästet, um Wurst zu machen.
Sentirse 'a vocca cchiù amara d''o ffele.	Sentirsi la bocca più amara del fiele.	Feel your mouth more bitter than bile. (Something goes bad and the taste of it remains.)	Einen bittereren Geschmack als Galle im Mund haben. (Etwas ist schief gelaufen und hinterlässt einen bitteren Nachgeschmack)
Sentirse frijere 'e mmane.	Sentirsi friggere le mani.	Feel the hands frying. (Feel like you want to hit someone.)	Die Hände braten spüren. (Jemanden verprügeln wollen)
Senza denare, nun se cantano messe.	Senza denaro, non si cantano messe.	Without money, no masses are sung.	Ohne Geld werden keine Messen gelesen.
Senza l'amaro nun se prova doce.	Senza l'amaro non si prova il dolce.	Without knowing bitter, one cannot taste sweet.	Ohne Bitter schmeckt man kein Süß.
Senza piloto 'a varca nun cammina.	Senza pilota, la barca non cammina.	Without a pilot, the boat cannot navigate.	Ohne Steuermann fährt das Schiff nicht.
S'ha magnato nu brutto limone.	Si è mangiato un brutto limone.	He sucked a sour lemon. (He had to endure a big disappointment.)	Er hat eine schlechte Zitrone gegessen. (Eine bittere Enttäuschung erleben)
Si 'a fatica fosse buona, 'a facessero 'e prievete.	Se il lavoro fosse una cosa buona, lavorerebbero i preti.	If work were a good thing, the priests would be doing it too.	Wenn Arbeit etwas Gutes wäre, würden die Priester arbeiten.
Si Dio nun vô manco 'e sante 'o ponno.	Se Dio non vuole neanche i santi possono.	If God is not willing, then even the saints cannot accomplish it.	Wenn Gott nicht will, können auch die Heiligen nicht.
Si 'e jatte ridono, 'e surece chiagneno.	Se i gatti ridono, i topi piangono.	If the cats are laughing, the mice are crying.	Wenn die Katzen lachen, weinen die Mäuse.
Siente assaije, parla poco e crerere niente.	Ascolta molto, parla poco e non credere a nulla.	Listen much, speak little and believe nothing.	Höre viel zu, rede wenig und glaube nichts.
Siente, vide e tace, si vuò vivere nsanta pace.	Ascolta, vedi e taci se vuoi vivere in pace.	Listen, watch, and keep silent if you wish to live in peace.	Schaue, höre und schweige, wenn du in Frieden leben willst.

Si esce 'o sole, esce pe' tutte.

Se esce il sole esce per tutti.

If the sun comes out, it comes out for everyone.

Wenn die Sonne rauskommt, scheint sie für alle.

Si maltiempo vô ffà, cu 'o scerocco ha ddà accumincià.	Quando c'è vento di scirocco il tempo quasi sempre peggiora.	Bad weather starts with scirocco winds.	Schlechtes Wetter beginnt mit Schirokkowind.
Si marzo ngrifa, te fa levà 'a cammisa.	Se marzo si arrabbia ti fa levare la camicia.	If March gets mad, it will make you take off your shirt.	Wenn der März wütend wird, musst du das Hemd ausziehen.
Si me metesse a ffà 'e coppole, e criature nasciarriano senza capa.	Se si mettesse a fabbricare cappelli, i bimbi nascerebbero senza la testa.	If this man were to start making hats, the children would be born without heads. (Descriving an unlucky person.)	Würde er anfangen, Hüte herzustellen, würden die Kinder ohne Kopf auf die Welt kommen. (Pechvogel)
Simmo d''o stesso buttone.	Siamo dello stesso bottone.	We are made of the same button. (We are peas of a pod or equals.)	Wir sind aus demselben Knopf gemacht. (Aus dem gleichen Holz geschnitzt)

Sii nu babbà.

Sei un babbà.

You are a fool.

Du bist ein Dummkopf.

Si nun può magnà 'a carne, bbivete 'o brodo.	Se non puoi mangiare la carne, beviti il brodo.	If you cannot eat meat, drink broth.	Wenn du das Fleisch nicht essen kannst, dann trink die Brühe.

Si nun vuò perdere l'amico, nun 'o mettere 'a prova.	Se non vuoi perdere l'amico, non metterlo alla prova.	If you wish to keep your friends, don't put them to the test.	Wenn du den Freund nicht verlieren willst, dann stell ihn nicht auf die Probe.
Si 'o carro nun se sedogna, nun cammina.	Se non si ungono le ruote il carro non cammina.	If you don't grease the wheels, the cart won't roll.	Wird der Karren nicht geschmiert, fährt er nicht.
Si 'o ciuccio nun vô vevere haje voglia e sischià.	Se l'asino non vuol bere hai voglia di fischiarlo.	If the donkey does not want to drink, you can whistle all you want. (There is nothing you can do if something isn't going to happen.)	Wenn der Esel nicht trinken will, kannst du lange nach ihm pfeifen. (Man kann nichts machen, wenn etwas nicht geschehen will)
Si sape comme se nasce, nun se sape comme se more.	Si sa come si è nati, non si sa come si muore.	You know how you were born, but you don't know how you will die.	Man weiß, wie man auf die Welt gekommen ist, aber man weiß nicht, wie man stirbt.
Si stesse ô ciuccio a ghì ô mulino, nun magnarriamo cchiù pane.	Se l'asino dovesse decidere lui di andare al mulino, non mangeremmo più pane.	If the decision to go to the mill were up to the donkey, we would never eat bread.	Wenn der Esel selbst bestimmen würde, ob er zur Mühle will, würden wir kein Brot mehr essen.
Sparte 'a recchezza e addiventa puvertà.	Dividi la ricchezza e si diventa povertà.	Break up riches and become poor.	Teile den Reichtum und du wirst arm.
Sott'a prova se canosce 'o mellone.	Provandolo si conosce il melone.	The proof of the melon is in the eating.	Durch Probieren erkennt man, ob die Melone gut ist.
Stà attiento ô ffuoco.	Stai attento al fuoco.	Pay attention to the fire.	Sei vorsichtig mit dem Feuer.
Stà cu l'acqua ncanna.	Stare con l'acqua alla gola.	Be in water up to your neck. (Be in a precarious situation.)	Das Wasser bis zum Hals stehen haben.
Stà dint'a ll'uoglio fritto.	Stare dentro l'olio fritto.	To be in bubbling oil. (Be in a precarious situation.)	Im Frittieröl sitzen. (In einer schwierigen Situation sein)
Stà mmano a Dio.	Essere nelle mani di Dio.	Be in the hands of God.	In Gottes Hand liegen.
Stipa ca truove.	Conserva che trovi.	Save now and you will find later what you saved.	Bewahre auf, damit du findest.

Taglià 'e panne ncuollo a uno.	Tagliare i panni addosso a qualcuno.	Cut someone's clothing precisely. (Take a close measurement of someone so as to take advantage of them.)	Jemandem die Kleider auf den Leib schneidern. (Jemanden genau taxieren, um ihn übervorteilen zu können)
Tale arbero, tale frutto.	Tale albero, tale frutto.	As is the tree, so is the fruit.	Wie der Baum, so die Frucht.
Tale ô rammo, tale â chianta.	Tale il ramo, tale la pianta.	As is the branch, so is the plant.	Wie der Zweig, so die Pflanze.
Tanta vote chiagne lo justo pe' lo peccatore.	Tante volte paga l'innocente per il colpevole.	The innocent pay again and again for the misdeeds of the culprit.	Oft zahlt der Unschuldige für den Schuldigen.
Tanto è mariuolo chi arrobba quanto chi tene 'o sacco.	È ladro non soltanto chi ruba, ma anche chi gli tiene il sacco.	The one who steals and the one who holds the bag are both thieves.	Ein Dieb ist nicht nur, wer stiehlt, sondern auch, wer den Sack aufhält.
Tarde veniste e pizzo perdiste.	Chi tardi arriva male alloggia.	He who arrives late loses his place.	Wer zu spät kommt, verliert seinen Platz. (Wer zuerst kommt, mahlt zuerst)
Te ce vonno diciannove sorde p''apparà na lira.	Ci vogliono diciannove soldi per fare una lira.	We need 19 cents to make a lira.	Du brauchst neunzehn Münzen für eine Lira.
Te faccio 'o pilo e 'o contrapilo.	Ti faccio il pelo e il contropelo.	I will shave you with and against the grain. (I'll thoroughly fix you or deal with you.)	Ich rasiere dir das Fell mit und gegen den Strich. (Kein gutes Haar an jemandem lassen)
Te faccio vedè 'o munno sotto e ncoppa.	Ti faccio vedere il mondo sotto sopra.	I'll show you the world upside down. (I will teach you a lesson that you won't forget.)	Ich zeig dir die Welt verkehrt herum. (Eine Lektion erteilen)
Tempesta ca tarda furiosa vene.	Tempesta che tarda sarà furiosa.	The storm that arrives late will be tremendously strong.	Der späte Sturm wütet besonders stark.
Tenè 'a capa fresca.	Avere la testa fresca.	Have a fresh head. (Be cool or insouciant.)	Einen kühlen Kopf bewahren.
Tenè 'a capa d''o calavrese.	Avere la testa del calabrese.	Have the head of a Calabrian. (Be stubborn.)	Er hat den Kopf eines Kalabresen. (Dickkopf)
Tenè 'a capa sulo pe' spartere 'e 'rrechie.	Avere la testa solo per dividere le orecchie.	Have a head that only serves to divide the ears. (Be ignorant.)	Er braucht den Kopf nur, um die Ohren voneinander zu trennen.

Tenè 'a magniatora vascia.	Avere la mangiatoia bassa.	Have a low hay bed. (Have everything easy and plentiful.)	Eine niedrige Futterraufe haben. (Alles leicht und im Überfluss bekommen)
Tenè 'a neve int'a sacca.	Ha la neve in tasca.	Have snow in the pocket. (Be in a hurry.)	Er hat Schnee in der Tasche. (In Eile sein)
Tenè 'a votte chiena e 'a mugliera mbriaca.	Avere la botte piena e la moglie ubriaca.	Have a full wine barrel and a drunk wife. (Describes mutually exclusive options. Cannot have one's cake and eat it too.)	Das Fass voll und die Frau betrunken. (Auf zwei Hochzeiten tanzen)
Tenè 'e mmane bucate.	Avere le mani bucate.	Have holes in the hands. (Spend or lose money.)	Löcher in den Händen haben. (Das Geld rinnt durch die Finger)
Tenè 'e piere e chiummo.	Avere i piedi di piombo.	Have feet of lead. (Proceed cautiously.)	Füße aus Blei haben. (Vorsichtig vorgehen)
Tenè 'e piere e lepere.	Avere i piedi di lepre.	Have the feet of a hare. (Be quick. Act with alacrity.)	Hasenfüße haben.
Tenè 'e pile ncopp'o core.	Avere i peli sul cuore.	Have hair on the heart. (Be heartless.)	Haare auf dem Herzen haben. (Herzlos sein)
Tenè 'e sacche sfunnate.	Avere le sacche sfondate.	Have holes in the pockets. (Spend or lose money.)	Löcher in den Taschen haben.
Tenè 'e sante mparaviso.	Avere i santi in paradiso.	Have saints in paradise. (Have protectors in high places.)	Heilige im Paradies haben. (Gute Beziehungen haben)
Tenè 'o curtiello d''a parte d''o maneco.	Avere il coltello dalla parte del manico.	Hold the knife by the handle. (Control a situation.)	Das Messer am Griff halten. (Das Heft in der Hand halten)
Te voglio bene comme 'o fummo int'a ll'uocchie.	Ti voglio bene come il fumo negli occhi.	I love you like smoke in my eyes.	Ich mag dich wie Rauch in den Augen.
Tiempo perduto nun s'acquista maje.	Il tempo perduto non si riacquista.	There is no making up for lost time.	Verlorene Zeit kann man nicht zurückkaufen.
Tira l'acqua ô mulino sujo.	Tira l'acqua al suo mulino.	Draw water to your own mill. (Set a situation to your favor.)	Er leitet das Wasser auf seine Mühle.

Tira l'acqua cu 'o panaro.

Tirare l'acqua con il paniere.

Get water with a basket. (Perform a useless act.)

Das Wasser mit dem Korb heraufziehen. (Etwas Nutzloses tun)

Tre so' 'e putiente: 'o rre, 'o Papa e chi nun tene niente.	Tre sono i potenti: il re, il Papa, e chi non possiede nulla.	The three most powerful persons are: the king, the Pope, and he who has nothing.	Drei sind die Mächtigen: der König, der Papst und derjenige, der nichts besitzt.
Trivolo comune è miezo gaudio.	Mal comune è mezzo gaudio.	A problem shared is a problem half relieved.	Gemeinsames Leid ist der halbe Spaß. (Geteiltes Leid ist halbes Leid)
Troppe galle a cantà, nun schiare maje juorno.	Troppi galli a cantare, non schiarisce mai il giorno.	Too many roosters crowing, and the day will never break.	Zu viele Hähne krähen, der Tag will gar nicht kommen.
Troppe remmedie fanno veleno.	Troppe medicine diventano un veleno.	Too much medicine becomes poison.	Zu viel Medizin wird zum Gift.
Truvà ll'America.	Trovare l'America.	Find America. (Find a pot of gold.)	Amerika entdecken (Geldquelle finden)
Tutt'e lasciate è perdute.	Tutto ciò che è lasciato è perso.	All that is given up is lost.	Alles, was aufgegeben wird, ist verloren.
Tutto pô' essere, fora che l'ommo incinto.	Tutto è possibile tranne che l'uomo incinto.	All is possible, except for a man to be pregnant.	Alles ist möglich; außer, dass der Mann schwanger ist.
Una mamma è buona pe' ciento figlie. Ciento figlie nun so' buone pe' na mamma.	Una madre e buona per cento figli. Cento figli non sono buoni per una madre.	A mother is good for 100 children. 100 children are not good for a mother.	Eine Mutter sorgt für hundert Kinder. Hundert Kinder sorgen nicht für eine Mutter.
Una ne fa, e ciento ne pensa.	Una ne fa, e cento ne pensa.	Do one thing while thinking about 100 things. (Describes one who has many scattered plans.)	Eins macht er, und über Hundert denkt er nach. (Jemand, der viele unterschiedliche Pläne hat)

Uocchio ca nun vede, core ca nun sente.	Occhio che non vede, cuore che non sente.	The eye doesn't see, the heart doesn't feel. (Out of sight, out of mind.)	Wenn das Auge nichts sieht, spürt das Herz nichts. (Aus den Augen, aus dem Sinn)
Uocchie chine e mmane vacante.	Occhi pieni e mani vuote.	Full eyes and empty hands. (Desire something grand but have absolutely nothing.)	Volle Augen und leere Hände.
Va' cchiù nu buono nomme ca na massaria.	Vale di più una buona reputazione che una masseria.	A good reputation is worth more than a farm.	Ein guter Ruf ist mehr wert als ein Bauernhof.
Vaco p'aiuto e truovo sgarrupo.	Vado per aiuto, e trovo difficolta'.	I go in search of help and end up with problems.	Ich suche Hilfe und treffe auf Schwierigkeiten.
Vale cchiù na faccia tosta ca nu palazzo.	Vale più una faccia tosta che un palazzo.	A direct approach is worth more than a palace.	Frechheit ist mehr wert als ein Haus.
Vale cchiù na parola a tiempo debito ca ciento ducate.	Vale più una parola a tempo debito che cento ducati.	Better a word at the right time than 100 ducats.	Ein Wort zur rechten Zeit ist mehr wert als hundert Münzen.
Vale cchiù uno che fa ca ciento che cumanna.	Vale più uno che fa, che cento che commanda.	Better to have one person who acts than 100 who give orders.	Einer der handelt, ist mehr wert als Hundert, die befehlen.
Vatte 'o fierro quanno è cauro.	Batti il ferro quando è caldo.	Strike while the iron is hot.	Schmiede das Eisen, so lange es heiß ist.

Vedè a morte cu l'uocchie.

Vedere la morte con gli occhi.

See death with one's own eyes. (Describing a brush with death.)

Den Tod mit eigenen Augen sehen. (Dem Tod in die Augen sehen)

Vino buono e bella tavernara, cunto cara.	Vino buono e locandiera bella fanno il conto caro.	Good wine and a beautiful innkeeper make for a costly bill.	Guter Wein und schöne Wirtin machen die Rechnung teuer.

Vino e maccarune so' 'a cura p''e purmune.	Vino e maccheroni sono la cura per i polmoni.	Wine and maccaroni are the cure for lung ailments.	Wein und Makkaroni sind Medizin für die Lungen.

Vide Napule e po' more.

Vedi Napoli e poi muori.

See Naples and then die.

Neapel sehen und dann sterben.

Vô assiccà 'o mare cu 'a cucciulella.	Vuol prosciugare il mare con una conchiglietta.	Wants to drain the sea with a conch shell. (Describing one who intends to carry out an enormous project but lacks the proper tools.)	Er will das Meer mit einer Muschel leer schöpfen.
Vô campà libero e beato? Meglio sulo ca mal' accumpagnato!	Vuol vivere libero e beato? Meglio solo che mal accompagnato.	Would you like to live free and blissfully? Better to live alone than with a companion who annoys you.	Willst du frei und selig leben? Lieber allein als in schlechter Begleitung.
Vô ffà l'arrusto cu 'o spito e lignamme.	Vuol far l'arrosto con lo spiedo di legno.	Wants to grill a roast with a wooden spit. (Describes a person who uses an inappropriate tool or method to do something.)	Er will den Braten mit dem Holzspieß machen. (Das falsche Hilfsmittel wählen)
Vô ghì mparaviso cu 'e zuoccole e cu 'a cammisa.	Vuol andare in paradiso con gli zoccoli e con la camicia.	Wants to enter paradise wearing wooden sandals and a shirt. (A person who wants to ascend leisurely and without effort into heaven.)	Er will mit den Holzschuhen und im Hemd ins Paradies. (Jemand, der ohne große Anstrengung ins Paradies kommen will)
Vô l'uovo munnato e buono.	Vuol l'uovo sbucciato e buono.	Wants an egg nice and peeled. (One who wants things served to him on a silver platter.)	Er will das Ei hübsch ohne Schale. (Jemand, der alles auf dem silbernen Tablett serviert bekommen möchte)

Vuttarse a mare cu tutt'e panne.

Gettarsi a mare con tutti i panni.

Throw oneself into the sea with all of one's clothes on. (Over-react or hastily deploy too many resources.)

Mit allen Kleidern ins Meer springen. (Übertrieben oder überstürzt reagieren)

94